生活在民國的十里洋場

上海鱗爪

「風華篇」

郁慕俠——原著
蔡登山——主編

【導讀】郁慕俠和他眼中的老上海風華

蔡登山

郁慕俠（一八八二年－一九六六年）別名平章，上海青浦人。上海龍門書院和江陰南菁書院肄業，上海師範講習所卒業，晚清秀才。入民國後，曾任求實小學、龍門附小等校教員，一九一三年進入報界，先後供職《時事新報》當校對員，為漢口《武漢商報》、北京《益世報》、北京《晨報》等報館的通訊員。一九四七年任上海市銀樓業公會秘書，一九五二年任上海文物保管委員會編纂，一九六一年受聘為上海市文史館館員。著有《上海鱗爪》、《慕俠散文集》等。編有《格言叢輯》、《慕俠叢纂》等。

寫上海老掌故的，最著名的有陳定山的《春申舊聞》、《春申續聞》。「春申」乃是指老上海，因戰國時代它是楚國春申君之封地，《春申舊聞》、《春申續聞》意思即是「老上海的風華往事」。陳定山從父輩起，便長居滬上，嫻熟上海灘中外掌故逸聞，他好京崑、工於書畫，又交遊廣闊，結識了老上海許多社會名流，目睹耳聞了老上海灘名流們的過往，故對老上海往事爛熟於胸，如老上海人如何過新年、吃西餐，或是「狀元女婿」指的是誰？「賭國詩人」又是何方神聖？他將老上海都會的人生戲幕，上至士紳名流、高官顯要，下及販夫走卒、戲子娼妓，一齣齣引人入勝的老上海風華放映在紙頁上。一代人事興廢，古今梨園傳奇，信手拈來，皆成文章，乃開筆記小說之新局，老少咸宜，雅俗共賞。

而郁慕俠的《上海鱗爪》顯然寫作的時間要更早，他請到名小說家兼實業家天虛我生（陳蝶仙），也就是陳定山的父親來寫序。陳蝶仙在序中云：「上海社會情形，誠所謂五花八門，千妖百怪，無奇不有。此書雖然不過緊緊披露一鱗半爪，然而窺豹一斑，亦足以引起注意，使人有所認識。」書中所談的上海社會是指二、三〇年代，而不同於《春申舊聞》的是寫到更多庶民的日常生活，包括食、衣、住、行、育、樂種種方面，至於煙賭娼匪更是多所記載。它成了研究當年上海生活史不可或缺的珍貴材料。

例如談到老上海有著一個傳言：「要看上海灘最摩登漂亮的小姐們，只要每個禮拜天上午到億定盤路中西女塾的大門口去等著。」當時在上海剛剛興起的女子學堂就好比如今的高檔會所，聚集於此的女學生們大多都是家境殷實的小姐，張愛玲在〈談女人〉一文中曾經提及，「一九三〇年間的女學生人手一冊《玲瓏》雜誌」，雜誌為女學生們提供最時髦的服裝樣式、最新的電影資訊、最流行的英文歌曲譜；而女學生們還成為雜誌內容的真人廣告。

對於摩登女郎，《上海鱗爪》有過較詳細的描寫：「現在最摩登的新女子，衣服尺寸越窄小越美觀。到了夏秋，只穿了一襲薄薄的短旗袍，袖口又短，不但露臂，竟是露肘，把她一雙臂肉完全顯露。又穿短褲和肉色絲襪，驟見之兩腿膀幾與雙臂一樣，走起路來扭扭揑揑，她的尊臀也一聳一凸的。總之這種形狀如叫思想陳腐的人瞧了，莫不斥為怪物；在軋時髦人見之，愈讚美她的全部曲線美的豐富了。」

另外《上海鱗爪》書中說，上海裁製衣裳的工匠，普通的是蘇幫、廣幫、紅幫；另外又有一種女裁縫，並不設店，而是上門幹活，主人供給飯食，一塊錢四個工。其所做活兒，大抵是布服、童裝，倘使是綢緞、毛皮，她們就要敬謝不敏。關於縫窮婆，《上海鱗爪》寫道：「縫窮一業，大半是江北籍婦人充之。她們臂膊上挽了一隻竹籃和一隻小凳子，籃中放著剪刀、竹尺、線團和碎布之類，在路上走來走去的兜攬生意。她們的主要營業是替人縫襪底、做脫線和補綴衣服上的破洞眼。」又云：「店家的夥友、廠中的工友與商鋪中的學徒，因為妻室和家長不在上海，故縫襪底和補衣服等工作都要叫縫窮去做，因此縫窮的生意也很好。至於『縫窮』兩字的解釋，是專門替代窮人做工，故名『縫窮』。」

二、三〇年代之際，當時「洋」代表著一種時髦、一種潮流，國人尤其是有錢人對於「洋玩意兒」偏愛有加，有的甚至到了迷信的程度。《上海鱗爪》書中說：「叫起人來，滿口『密斯忒』、『密斯』；寫中國字，必喜橫寫；吃食水果，也要吃外國貨；生病吃藥，也要購外國藥；連斷了氣直了腳，也要睏一口外國的玻璃棺材，才覺心滿意足。」對這股洋化的風潮狠狠地做出嘲諷。

郁慕俠描述，民國初年，大上海的電線桿上貼著諸多小廣告，也會夾雜出現「馬路如虎口，當中不可走」的警示語。雖然那時候已經在馬路兩邊開闢了一種專為人步行的道路，叫做「水門汀路」，奈何百年前的上海人和現代人一樣，常常喜歡在馬路當中踱方步，穿過馬路時也不左右張望，而是直刺刺地急衝過去。一旦碰上汽車疾駛而過，來不及剎車，往往會釀成慘案。當時上海已經有紅綠燈，雖然沒有專門的交警，但也有疏通交通的警捕。

《上海鱗爪》有一篇文章〈一席菜值三百元〉說：「常言說得好：『生在蘇州，穿在杭州，吃在廣州，死在柳州。』因為廣東人對於別的問題都滿不在乎，唯獨對於吃的問題，是非常華貴、非常考究，一席酒菜值到幾百塊，一碗魚翅值到二十塊以上，在廣東人看來很平常稀鬆的事，以故『吃在廣州』一句俗語，早已膾炙於人口了。」但是，誰都沒有否認，貴的背後，其實是更好，郁慕俠自己就作了說明：「據說這種奢侈豪貴的菜肴……原料是摒除豬羊雞鴨常見的肉類，都用山珍海味、奇禽異獸等貴重之品，價值越大，選用的原料也越貴。」

據平襟亞〈舊上海的娼妓〉：「『野雞』：凡屬蹤跡無定，臨時性的妓女，通稱

『野雞』，在人行道口拉客。」而胡祖德《滬諺外編》：「『野雞』：滬妓下等者之稱，引申其義，凡營業之無行無幫，無統系者，皆為野雞。如野雞挑夫，野雞東洋車，野雞輪船皆是。」但若把野雞說得生動傳神者要算郁慕俠的《上海鱗爪》：「海上之三等娼妓，亦猶平津之下處，然一般群眾口中不稱『下處』，都呼『野雞』（即雉妓），此與平津不同。按雞為禽類，在家豢養的曰家雞，在郊野中自由生活的曰野雞，毛羽較家雞尤美麗，性喜翱翔，嘗四山覓食，行止靡定。今人稱此類娼妓為『野雞』者，因外表服飾之鮮華，其美相若；而深宵傍晚往往徜徉路旁或往返茶室間，川流不息，厥狀甚忙，似和在山陬荒僻中天然之野雞相類。此所以呼三等娼妓為『野雞』，義即指此。」類似「野雞」的，還有如「十三點」、「吃豆腐」、「賣相」、「虛頭」等等當時流行的詞彙，更是研究滬語的流變不可多得的材料。

序

上海社會情形，誠所謂五花八門，千妖百怪，無奇不有。此書雖然不過緊緊披露一鱗半爪，然而窺豹一斑，亦足以引起注意，使人有所認識。大抵一般青年，涉足於社會之初，往往受環境支配，身心不由自主。既無知人之明，近墨近朱，罔知所擇，而是非之觀念，亦且混淆於眾咻之間。於是魑魅魍魎，得以施其伎倆，推而納之陷阱之中不復能自振撥者，比比然也。郁君慕俠嘗著《格言叢輯》，一欲以正人心為主旨。曩在軍閥時代，猶且人手一編，由軍事長官散給予士卒，頗風行於一時，故其續編乃至二十集之多。今雖已置高閣，但其宗旨不變，故又撰纂是書，將使茶餘酒後之談，借作千秋之鑒。蓋其所舉之事，縱為瑣碎，亦必寓以勸懲；而於成功人之歷史，則多敘述其締造之艱難，用以鼓勵青年，一革其消極悲觀之念，是於世道人心誠可借為對症發藥。以視小說家言徒作空中樓閣引人興趣者，固不可同日語也。莊子有云：「大聲不入於里耳，《折楊》、《皇荂》，則嗑然而笑。」郁君此著，正取此旨，所謂卑之毋甚高論，其收效之速當在《格言叢輯》之上，可斷言也。

癸酉七夕天虛我生識於西湖息養社

題詞

其一

葉仲均

少年萍跡寄申江，淚滿青衫血滿腔。
卌仔飽嚐塵世味，筆如神杵把魔降。
世情怪誕寸心知，為救人群放厥詞。
仗得一枝扛鼎筆，五光十色顯窮奇。
春江滿地布陰霾，攬轡澄清願總乖。

且把眼前秦鏡照，一鱗一爪續《齊諧》。

莫道文人性太癡，筒中消息少人知。
興酣敘到精微處，疑是生公說法時。

最是洋場十里中，五方雜處不同風。
高抬慧眼從旁看，四十年來做寓公。

為民喉舌不辭勞，文字應推一代豪。
引得金繩開覺路，此公風骨最騫高。

全憑正氣主文壇，筆挾風霜興不闌。
五濁世中描現狀，直教魑魅遁形難。

筆端愈老愈精神，蓮出污泥不染塵。
社會流傳佳著作，讀之庶不涉迷津。

其二

秦伯未

贏得生花筆一枝，江郎垂老尚雄奇。
半鱗片爪彌堪惜，中有憂時血淚絲。
江湖落拓鎮相憐，閒話滄桑五十年。
不盡鷹花開更落，有誰孽海渡無邊。
眾生色相不堪描，黑幕重重暮復朝。
溫嶠燃犀幽怪照，更從何處著人妖。

閱盡興亡兩鬢蒼，羨君義俠具心腸。
一編問世流傳速，聲價居然貴洛陽。

其三

汪企張

避世編桴海上浮，年年塵夢蜃成樓。
而今不用燃犀燭，魑魅都教上鏡頭。
燦眼花叢照眼紅，落茵墮溷委東風。
春江一覺繁華夢，多少青年陷此中。
心儀禹孟哀衰世，名教從來我輩尊。
酒熱夜闌心緒亂，朦朧惟記浦潮痕。

四維旁落倫常絕，巨慝神奸氣勢張。
黑幕重重都揭破，筆鋒犀利放寒光。

其四　顧伯超

不古人心大可憐，昭垂炯戒當談天。
《齊東野語》難搜遍，滬北澆風盡揭穿。
百怪千奇掀黑幕，晨鐘暮鼓惕青年。
一鱗一爪皆珍秘，恍比遒人木鐸宣。

其五　汪于岡

那堪常伍俗浮沉，豪氣頻銷百尺樓。

千古濁流奔歇浦，勞君一一記從頭。
落英處處可憐紅，十里銀花舞晚風。
真個銷魂真個苦，一般都在劫灰中。
話盡滄桑白盡頭，申江小史信風流。
齊紈蜀錦知多少，快剪輕裁抵并州。
天爵早隨人爵盡，四維從此為誰尊？
和戎割壤追南渡，涕淚新痕憶舊痕。
洋場百載傷心史，國難何曾歇管弦？
白日群魔爭瞰室，黯然展卷莫終篇。

為知為罪《春秋》筆，何去何從各主張。
孽海一經犀燭照，彩毫萬丈透光芒。

其六

范雲六

海上離奇太不該，人妖白晝盡徘徊。
一鱗半爪彌珍貴，萬語千言妙剪裁。
漫說形容難盡致，誰知祕密忽公開。
頭頭是道無遺漏，都自生平閱歷來。

其七

童愛樓

現身說法學生公，三峽辭源倒不窮。

別得巍巍銅像鑄，大功剛在立言中。
賈誼上書真痛哭，東坡說鬼妄言之。
夢泡世事瞬千變，都付文通筆一枝。
文章笑罵罵文章，滋味酸鹹試細嚐。
要把詼諧當藥石，故翻格調學東方。
覺世大文雜滑稽，時新花樣脫恒蹊。
要憑價重雞林筆，喚醒皇華百萬迷。
知人知面復知心，世態人情個裡尋。
瑣屑街談巷議事，一經點鐵便成金。

引言

余餞驅海上，從清季到今，一剎那已二十五年了。此二十五年所經過的過程中，心所接，目所觸，耳所聞，奇奇怪怪，事事物物，也不知其凡幾，真是滄海變桑田，華屋成山丘，彷彿近之。偶一追溯，備極感喟。現在只憑腦力記憶，或朋侶述告，或讀書所得，一件件、一樁樁，赤裸裸的描寫出來。因為沒有統系的演述，故名《上海鱗爪》。

先吾而作這種體裁之書，前有梁任公的《外交鱗爪》，後有徐志摩的《巴黎鱗爪》。但是二公底作品，一記壇坫上之瑣聞，一述異國的雜碎，與余所作體裁似同，取材則異。蓋《上海鱗爪》包括上海全社會的形形色色，雖至一事一物、一人一傳，亦儘量地搜求。在大體上，或關掌故，或繫人事，或志風土，或記典章，或述祕密，或已往，或現在，都一一寫出，與專記一事，和摭拾外國風光者，截然不同。

本書記載各事，偏重於租界方面，因余居於此，食於此，服務於此，租界上的情形，比較的明瞭一些，是以記載獨多。至其他方面，聞見較少，而演述也較稀，不過舉一反三，可概其餘了。

書的體裁，雖無統系，實則每篇均有子目標出，自首至尾，都告段落。閱者目謂傳述固可，秘史亦可，如目謂筆記更無不可。

惟是余心為形役，草草勞人，往往手忙腳亂地倉卒寫來，錯誤闕漏，在所難免。甚願明瞭上海社會情形的同志們，加以匡正，則不禁焚香禱之，跂予望之。

中華民國二十二年九月

目次

上海的人口與貿易額

上海本瀕海一縣治，三面臨海，一面依陸，未闢租界以前，也不過普通一縣治。自從清朝道光間，鴉片戰爭失敗後，中國應英國的要求，成立《南京條約》，開放寧波、汕頭、福州、廈門、上海五處為通商港口，迄今已近九十年了。最初（即一八五〇年）的英租界，沿岸建築不過五十英尺，界內僅有住宅兩處，海關和倉庫而已。過了兩年，開始建築住屋、開闢道路和設置碼頭等工作。起初收入月不過五千元，經過幾十年的時間，現在已有驚人的改變。

上海外灘白渡橋

起始的貿易額，年輸入四百三十萬兩，輸出一千零四十萬兩，兩項合計還不到一千五百萬兩。到了民國十八年，貿易的總額已達九億九千八百萬兩。公共租界的收入，也有一千二百四十七萬兩，支出九百四十四萬兩。全滬人口數，已超過三百萬了。

在許多人口中，當然以中國人為最多，日本人次之。茲據最近調查，各國留滬人口，日本計二萬四千一百廿九人（臺灣九百零五人，朝鮮四百十二人），英國六千二百廿一人，法國四千五百十九人，美國一千六百零八人，俄國三千四百八十七人，印度一千八百四十二人，葡國一千三百三十三人，還有德國、比國、荷蘭、瑞典、土耳其等國人數最少，各約數百人，國別共有四十國之多。

複雜之社會

上海為通商大埠，中外畢集，人口繁夥，年有增加。據最近調查，全滬人口已達三百數十萬。試以如許人口中調查其籍貫，不但全國二十二省均相與偕來，即歐、澳、非、亞各洲人民也俱完備，不過有多少之分別。人種既不同，籍貫又各異，因此一家之左右鄰居，向例不相往返，不通紅白。甚而一屋之中，同居的雖多至數家（因房價昂貴，一家負擔不起，將一室中的餘屋分租於人，即俗呼「二房東」、「三房客」之稱），也僅點頭答禮而不問姓氏者。其複雜與奇特情形，實為內地各處所無，揆諸親鄰善仁之意則相去遠了。

日本在上海經濟力之發展

虹口到楊樹浦迤邐一帶幾十里地方，差不多已為日人貿易和居住的勢力範圍，紡織公司林立鼎峙，如東洋紡、鐘紡、東華紡、同興紡、上海紡等。由楊樹浦再上些，便是日本郵船碼頭，如匯山碼頭、大阪商船碼頭、滿鐵碼頭等。沿黃浦濱的建築物，如正金銀行、臺灣銀行、日清汽船公司、三菱三井兩株式會社，都是廈屋巍峨，氣象萬千。還有滬西小沙渡的各紡織廠，也有好幾家。

日人的事業，除郵船、綢布、食料、雜物外，以紡織業為最盛，有內外綿、大日本綿、上海紡織、日華紡織、裕豐紡織、豐田紡織、上海製造絹絲等各大工廠，織機有一萬座以上，占吾國紡織業十分之三，所僱華工共計五萬多人。

日本商店，以虹口一帶為密集區域，如吳淞路、鴨綠路、西華德路和北四川路之北端，差不多已成了日本街市。

從去年「九一八」東北事變後，滬商一致起而抵制日貨，日本商人大受打擊。他們不從根本上覺悟，徒懷恨抗日會，復釀成「一二八」之慘變，結果又是吾中國人大吃其虧。

分租房屋之習慣法

年來房租日貴，獨租一屋，實匪容易。故每向二房東分租一間或二間者，觸目皆是，甚至一幢房屋之中，分租至四、五家或七、八家者，也習以為常。試觀街頭巷尾，高粘紅紙之分租招貼，縱橫錯雜，閱之目迷，益信分租於人的多。旅滬居民欲在二房東處租屋居住，等到看定房屋後，彼此言明月租若干及何日起

上海石庫門老房子

租。說定，先付定洋（定洋不限多寡，至少一元，多則二元、四元、十元不等，視租值之厚薄，訂定洋之多寡），付給定洋後，二房東即將召租毀去。還有租費，俟遷入後例須一次付清，以預付一個月為限。將來倘彼此不合，可先於租期未滿前十日關照二房東或三房客，俾得另張招貼，召致他客。也有三房客已付定洋，尚未遷入，二房東忽不願租借者，應付還加倍定洋。又彼此退租，一年中惟舊曆正月、五月、六月、十二月四個月，照例不准退租。苟有特別事故與親戚關係的，也可隨時退租，可作別論。此二房東和三房客相互間之習慣法。

二房東受累

近來世風澆漓，匪盜日多，為非作惡之徒，往往向二房東租屋一間，作為祕密機關。但一旦事洩捉將官裡去，牽涉二房東對簿公庭、調查傳喚，已不勝其煩勞。等到案情大白，二房東雖無罪，然已飽吃虛驚不淺。此等無辜受累，實有冤無處告訴，故有二房東者為預防計，乃不粘招貼，轉託親友介紹三房客。蓋介紹來者必有根底，且必正式良民，將來可免意外之殃。又二房東瞧看屋人是粗漢一流，無婦女同來，當場即假稱此屋業已租去，或故昂其值，以示拒絕不租之意。有屋分租者，亦其難如此。

弄堂裡的房子

故有吃過冤枉的二房東，在召租上面加書「無保免進」四字，即指明如無保人拒絕租屋之意，也是一種防患未然之道。華界方面，不論向大房東、二房東租屋，概須具保。遷入之日，更須向公安局戶口處報告領照，以免歹人混入。

挖費與小租

租借房屋，除了繳付租費外，還有兩項例外的費用，一曰挖費，二曰小租。

譬如某處有座市房，本由某甲開設店鋪，已居多年，相安無事。後來因為某乙覬覦他的市房，不問情由，暗暗到經租帳房處私下運動，願出酬勞金若干。一經運動成熟，再由房東名義關照某甲推託收回自用，限期遷讓。因租界上租屋的習慣法，房東要收回，房客要退屋，只須一個月前關照，即可雙方如願以償，故在某甲方面只好忍痛搬遷。至某乙達到目的後，所耗去的運動費，大者數萬元，小者數千、數百，概無一定數目，要看乙方需要之殷否與市房位置的如何而後定。此項費用名叫「挖費」。

至「小租」一項，起初向大房東租屋時付給。所稱謂「小」者，即別與正當租費之外。一說，此項小租都歸經租處職員瓜分，不入大房的腰包，故以「小」字稱之。說到數目，也無一定，最少一個月（譬如租費每月五十元，小租也須五十元，餘類推），多則三個月、五個月不等。現在小租已成租界上普遍的惡習，無可避免的。如在冷僻地方新造幾幢房屋，無人去租賃，由房東登報召租，免去小租的也有，不過這是很少的例外。

鴿籠式之房屋

全滬人口雖有三百數十萬人之多，倘使分析言之，無產階級的窮小於倒占去了十分之七八。以故關於衣、食、住的「住」字問題，除去有產階級自己蓋造了高樓大廈和歐式洋房外，大多數均租房住宿。如果租賃一幢或兩幢房子獨家居住，已經是很不多見。大概租了房子，因租費昂貴，力難獨居，都自己添加幾隻擱樓和屋頂房間，然後另召房客分居，俾可在租費上減輕一些負擔。故往往只有一幢房子，多有四、五家或七、八家房客同居的。屋窄人稠，鬧得烏煙瘴氣，也不遑顧及了，原因總為

上海弄堂的房子

經濟的逼迫關係而無可如何之事。其他清潔上、空氣上，亦只好馬馬虎虎。至於衛生和不衛生，都付之不問不聞。

時人稱這種屋窄人稠的房子，加了一個尊號道鴿籠式之房屋，可謂形容盡致，感慨同深。但依照目下的時勢，地產一天的值錢一天，房租一天的高漲一天，再過幾年，要住這種鴿籠式之房屋也有些吃力了。

三層樓

華界和法租界的弄堂房子，多有建築三層樓者。惟公共租界的房屋只有店面，可以造三層起到十層、數十層，弄堂房子仍舊以二層為限。因工部局打樣間，恐弄堂房子居戶眾多，易肇火災，故不肯簽出照會，也是防患未然之道。

公館馬路的騎樓

法租界有一條很長的公館馬路（俗呼「法租界大馬路」），東頭到黃浦灘，西頭到八仙橋，現在沿路新建起的市房，大都築有騎樓。每逢天雨，人們走在人行道上，一點兒不沾濕衣鞋，因上面有騎樓遮蔽之故。這種騎樓式的市房，只建築在法租界公館馬路上，其他地方未曾有過，而公共租界也未有此種市房。據說，香港和法國巴黎兩處，這種市房早已建築得很多了。

半條大馬路

東至黃浦灘、西到泥城橋一段之南京路（俗呼「大馬路」），從前用水泥鋪路，後來都改用赭色香梨木鋪砌，所費不貲。相傳全路經費由入英國籍之猶太人哈同捐助，未知是嗎。又南京路一帶之房屋地產，大半由哈氏購置，故哈有「半條大馬路」之豪譽。

公共租界之三公園

公共租界之公園，為外人經營的，如黃浦灘（即外白渡橋堍）公園、北四川路底之虹口公園和梵王渡公園（又稱兆豐花園）等三處，都饒有亭臺樓榭、樹林花圃之勝。初闢的時候，吾華人本可不費分文，隨意進出，與西人享有同等的權利。後來因有少數不守規則份子發生作踐舉動，就此不准華人進園，更豎立一牌，大書「華人與犬不准出入」八字。於是吾華人欲遊公園，只好望門興歎，其可恥為何如呢？

嗣後西人方面自己想想也說不過去，另外在裡白渡橋堍闢一小小園林，專為華人遊覽之所。不過這座園林地方很狹小，布置又簡單，倘和黃浦灘等三公園比較一下，那就天差地遠了。

四年前，經吾國人及納稅會董事等力爭，工部局始允一律開放。惟預防作踐和補助起見，不論中西遊客，每人概取遊資銅元十枚，長券每人一元（可得遊覽一年之利益）。後來不知怎樣，每人銅元十枚之遊資漲至小洋兩角了，而長券仍舊一元，並不增價。

從前禁止華人入園時，日本人也在其內。後來日人戰勝俄羅斯，一躍而為頭等國家，享受國際上的榮譽，即取消前例，可以自由出入。惟吾居主人翁地位之華人依然與畜類一樣，不准進園。此雖過去的恥辱，但偶一想來，猶有餘痛。在去年起，又在虹口滙山路闢一滙山公園，以故連原有之三公園，已成為四公園了。

黃浦公園

橋樑之遺跡

當十五年前，英、法租界交界的洋涇浜未填滿時代，有橋樑多座，如西新橋咧，東新橋咧，鄭家木橋咧，帶鉤橋咧，三茅閣橋咧，二洋涇橋咧，三洋涇橋咧。自填滿以後，行經其間，只見一條平坦廣闊愛多亞路，不知此條大路即十五年前的柴船、糞船天天泊入其中，穢水淤塞之洋涇浜呀！還有法租界之八仙橋、太平橋、南洋橋、褚家橋，英租界之三座泥城橋（即中、北、南三橋），自填成馬路後，這種橋樑久已蕩然無存，行人過此只可想像其遺跡罷了。再有虹口之提籃橋，北京路、浙江路相近的偷雞橋（一說鬥雞橋），拆除填滿，為時尤遠。作者在清末到滬，已不見此等橋樑。

長三與么二

海上妓院林立，最上等的曰「長三」，如北平之清音小班；次等的曰「么二」，曰「鹹肉」；再次曰「雉妓」，曰「煙妓」。此種名稱，凡涉足花叢者都能道之，如詢以長三、么二命名之意義，則又瞠目不能答。茲據熟悉花叢掌故者說，在滿清中葉初闢租界設立長三、么二妓院時，凡遊客前往茶會須給資三元，召妓侑觴（即堂唱）每次亦需三元；么二則比較價廉，每次茶會一元，堂唱二元。此「長三」與「么二」命名之由來。降及今茲，到長三妓院茶會，久已取消給資之例，每次堂唱也低減至一元，且一般括皮朋友，每逢節邊付還堂唱費時，間有減半與之。惟現在之么二妓院仍舊率循舊章，未見折減。故有「濫污長三板么二」之滬諺，殆即指此。

娼妓籍貫之不同

海上娼妓籍貫，大別之只有五幫，曰蘇幫，曰揚幫，曰粵幫，曰甬幫，曰本地幫。實則仔細觀察，差不多各省都有，不過人數有多寡之別了。除國籍外，還有日本藝妓，外國娼妓（外國以俄妓為多）。至各娼寮中，如長三、么二兩處，以蘇籍為多；雉妓院和花煙間，以江北幫（即揚幫）為眾；鹹肉莊、碰和台等，各幫都錯雜其間，沒有確定的籍貫。

野雞之釋義

海上之三等娼妓，亦猶平津之下處，然一般群眾口中不稱「下處」，都呼「野雞」（即雉妓），此與平津不同。按雞為禽類，在家豢養的曰家雞，在郊野中自由生活的曰野雞，毛羽較家雞尤美麗，性喜翺翔，嘗四出覓食，行止靡定。今人稱此類娼妓為「野雞」者，因外表服飾之鮮華，其美相若；而深宵傍晚往往徜徉路旁或往返茶室間，川流不息，厥狀很忙，似和在山陬荒僻中天然之野雞相類。此所以呼三等娼妓為「野雞」，義即指此。

女校書

從前的高等妓女，除長三外，還有女校書。每晚坐了四人呢轎，到福州路天樂窩、小廣寒各書場去彈唱，轎前有燈籠一盞，上列「公務正堂」四字。客人屬意該妓時，先點戲如乾出，作為問津的先容。她們說，能到書場彈唱的稱「女校書」，不彈唱的稱「長三」，其實同在一窯子裡，有什麼區別呢？近年來這種書場久已閉歇完了，妓女坐轎風氣也早已革除了。從前還有一種幼妓，到書寓彈唱時不坐四人轎，由龜奴肩掮疾走，呼喝而過，厥狀很為奇觀。

「書寓」為妓院中等級最高的

韓莊開一炮

韓莊、臺基、鹹肉莊這一串名詞，都是男女短時間的泄欲場所，故又叫「人肉市場」。至韓莊地點，如英租界之白克路、牛莊路，法租界之殺牛公司、南陽橋等處為最多。

什麼叫「開一炮」呢？就是逛韓莊的人們，到了那裡臨時看中一人，並不住夜，只為解決一時的性欲衝動而已。每「炮」需費三元，另外加給小帳四角，這是一種普通的辦法。倘使你要點中某某明星或某某名婊，那就不在三元之例。此種泄欲又叫「斬一刀」，如用字義來講，都在可解不可解之間。

借小房子

男女戀愛到成熟時期，雙方感覺著開房間的不經濟和不便當，於是去租借一間房子，為實行同居之愛。不過雙方是偷偷暗暗的，是不公開的，故名「借小房子」。其實住在上海的朋友大多數為著經濟困難，對於住的問題，誰不是只租一樓或一廂？而且將會客間、廚房、臥室、浴室、便室、餐室，大都擠在一間屋子裡，雖不衛生，也只好將就將就。這種小而又窄的居室，如係正式眷屬，人卻不說你「借小房子」了。倘使非正式的結合，無論你怎樣闊綽，租了很廣大很華麗的洋房，人們雖改口說一聲「借小公館」，而這「小」字到底也不能免掉罷。

娼門中的術語

說起這個術語，差不多行行都有。什麼叫術語？就是一業中的隱語，在江湖上混飯的，如醫卜、星相等更多。他們一舉一動，一衣一食，一風一雨，對自己人說話都有隱語，而且叫隱語為「春典」。

妓寮娼門，居然也有隱語。如說嫖客和含苞未放之妓女私通曰「偷開苞」，說嫖客另戀他妓曰「跳槽」，又說「越界築路」，說嫖客和妓女銷魂曰「落水」，說嫖客到生意冷淡之妓院報效曰「燒冷灶」，說一個妓女同時和兩個嫖客相好曰「白板對煞」，說妓女倒貼小白臉曰「養小鬼」，說嫖客在娼門中占著便宜曰「吃豆腐」，說妓女之靠山曰「撐頭」，說妓女向嫖客假獻殷勤曰「灌米湯」，說妓鴇向嫖客額外需索曰「開調夫」，又說「劈斧頭」，說妓女之適來月經曰「親家姆上門」，說嫖客只叫一回堂差曰「丹陽客人」（「丹陽」諧「單洋」，即是說只有一隻洋的交易），說嫖客到娼門吃酒碰和曰「做花頭」，妓鴇自己說在娼門中混飯曰「吃把勢飯」，又說「吃七煞飯」

鹹水妹

鹹水妹是中國人專營外國生意的娼妓。她們既稱「鹹水妹」，定章很嚴，只准接外不許接內。每週由衛生處派人檢驗有無毒徵，才許給照營業，如患花柳即勒令入院治療，以免貽毒外賓，防範很周。公共租界上以虹口之鴨綠路，法租界以磨坊街與典當街，為鹹水妹群聚地點。每到薄暮深宵，嘗見白衣白冠之水兵在該處蹀躞徘徊，意有所屬，而她們亦浪聲穢語，媚眼橫飛，以施其勾搭手段。

至「鹹水妹」三字的意義，因為香港初開埠時候，外國人漸漸來的多了，要尋妓女也沒有。為什麼呢？因為他們相貌和吾們兩樣，那時大家都未曾看慣，看見他那種異相沒有一個不害怕的，那些妓女誰敢近他？只有香港海面上那些搖舢板的女子，她們渡外國人上下輪船，先看慣了，言語也慢慢地通了，外國人和她們調笑起來，她們自後就以此為業。香港是一個海島，海水是鹹的，她們都在海面做生意，所以叫她做「鹹水妹」，以後便成了接洋人的妓女之通稱。這個「妹」字，是廣東俗語女子未曾出嫁之意。

轎飯票之三變

轎飯票是娼門中給與客人的一種車費。當那民初時代，做主人的到妓院中去請客，末了，自己拿著一疊局票、一枝破筆，遍詢客人的車夫叫什麼名字，邊問邊寫。如車夫叫阿金，局票上先寫「阿金」二字，接下去再畫二個圓圈，暗示二百之數，旁邊寫主人的姓字和月日，再將寫好各票一一留入底紙，然後發給客人，轉發他的車夫，這就是轎飯票。到了領取時候，須將底紙對過，以防杜造冒領。每張價值雖只二百文，而手續也很繁雜。後因主人和娼門方面都覺著不便利，就此取消這種制度，由妓院自製銅牌，式樣各別，有花籃的、桃子的，也有古瓶的，四面鐫有花紋，中鐫妓名，很覺精緻。如得銅牌一塊，可往發牌子的妓院換錢二百。後來客人因著銅牌好玩，大家都留藏起來，作為種玩物。於是娼門中發出的多，收回的少。每逢花頭，不夠分發，於是月月需添製銅牌，比較從前從局票代替更覺麻煩。正在為難當口，有妓院左近的煙紙店老闆，乘機印好一種轎飯票，形式比現下的輔幣券略大些。而妓院預先去買，更有折扣。如五十張計錢十千文，可打九五或九三付款。此票有兩種便利，妓院躉購，可得折扣之益，並且免除付錢之勞，因車夫得票後，按照票上刊印店號，直接自往兌換，以故十幾年以來，流行這個制度直到現在了，從局票書寫到煙紙店發行，已是一變三變，小小的一張轎飯票，已有如許的變化。

再說煙紙店方面的利益，（一）貪圖躉進零出；（二）發出去的票子，到了後來只有少不會多，這就是他們唯一的希望。倘無油水可揩，煙紙店老闆不是呆蟲，哪肯花了印刷費去巴結娼家呢？

流動的賣唱

賣唱這個生意，大而言之，像那舞臺上的新舊藝員、群芳會上的妓女和說書彈唱及一切雜耍小調等等；小而言之，如露天舞臺上的角色、走弄堂的男女和跑館子的歌女，都是以賣唱為生活。他們的總訣，只有一句道「吃開口飯」。

現在且說跑酒菜館、旅館的歌女們，全滬計之也有一二百人。歌女的年齡都在十二、三到十七、八，她們的身世，大率由假父假母價賣而來的養女，教會歌唱後即天天從事跑唱，以其所得代價養贍她的假父母。歌女出來，也穿了一身花花綠綠的摩登衣服，搽了脂、抹了粉，後面跟隨琴師一人。到達酒菜館房間時，瞧見客座有人在內聚飲或談話，她即搴簾而入，不召自至，手持一白布摺子，滿列平劇劇名，夥人點戲，每齣二角。倘客不允，她必再三歪纏，必堅拒之才悻悻而去。此種跑館子、跑旅館的賣唱歌女，發現迄今，也有七、八年的歷史了。

點大蠟燭

長三娼寮的小先生（即幼妓）如第一次經嫖客梳櫳，她們卻鄭重其事，那天晚上必嬲嫖客點了大蠟燭，僱了一班樂工吹吹唱唱，以作破瓜的盛大紀念。點大蠟燭的玩意，在妓家視之都目為很莊重的典禮。

還有一種迷信嫖客，如今夜梳櫳了小先生，點了大蠟燭，撞了紅，必可生意興隆，大發其財。故很有在那商業場中觸了霉頭失敗回來的商人，都要到娼寮中去點一次大蠟燭，纏頭雖巨，千金不惜。但是娼寮中的真正小先生很少，都以尖先生混充（稱未經人道之幼妓實則早已破瓜的，叫「尖先生」），狡黠的鴇母施用人工來救濟，能使尖先生變了小先生。而嫖客和尖先生梳櫳，一樣地可以流丹盈滴，似不勝其葳蕤者，其實已中其計，而瘟生嫖客，卻在昏昏沉沉中已墮其術而不知不覺了。

老、少

「老爺」、「少爺」的稱呼，應該隨帝制以俱去，但是積習相沿，牢不可破。中華民國雖成立了二十多年，這個挾著帝制臭味的「老爺」、「少爺」，依然常常可以聽得到這種稱呼。

不過娼寮中叫起「老爺」、「少爺」來，早已刪除了「爺」字。譬如你是姓張的，她們叫你一聲「張老」，你如姓李的，叫你一聲「李少」。至於老、少的分別，看你的年齡而定，如果年老一點稱「老」，年輕一點稱「少」。

倘使姓蘇的老頭兒去逛窯子，她們叫起你「蘇老」來，試問你答應不答應？如果答應下去，你已自承為樑上君子了，因為滬諺呼竊賊為「蘇老碼子」。或者有一年輕人姓傅，他們叫你「傅少」，「傅少」兩字又和「火燒」諧音，「火燒火燒」，你答應呢還是不答應呢？倒是一個怪有趣的問題。

一說娼門中稱「某老」、「某少」而不稱「老爺」、「少爺」，是她們一種不願意稱「爺」的表示。又說特為縮去「爺」字，以示其親熱。

公務正堂

三十年前，作者猶在童年，隨先君來滬公幹，瞧見妓女出堂唱和上書場（彼時書場之風氣很盛，如福州路一帶的天樂窩、小廣寒等，都為妓女彈唱之地）的當口，倘使她是渾倌人（即已破瓜之妓女），必用青呢四人小轎舁之飛行。轎前一個龜奴，拿著燈籠一盞吆喝而過，燈上粘著四個紅字，大書特書曰「公務正堂」。

按清代官制，起碼七品知縣才可稱一聲「正堂」，典史和縣丞只稱「左右兩堂」，故佐雜班子呼知縣須尊稱一聲「堂翁」，就是此意。而彼時之妓女竟敢僭稱「正堂」，不但咄咄怪事，而且膽大妄為。況出堂唱和上書場都是淫業一類，如稱「淫務」還算合理，她們偏不稱「淫務」而稱「公務」，又為名實不符。豈妓女賣淫，也是一種正當的公務嗎？

徵歌

在歡樂場中應酬，欲召妓女來侑酒，名喚「叫堂唱」（平津地方稱「叫條子」）。不論生張熟魏，局費一概暫欠，不須現付，不若北平、天津之當場付給，概不掛賬。此指蘇幫、本幫娼寮而言，倘召粵妓侑酒，局費也如平津一樣一律現開銷，每局二元至一元，隨客付給，並不計較。

北四川路一帶的廣東菜館，每室中都掛有粵妓花名牌一塊，上書「粵花一覽」，下書妓名，客可按圖索驥，書條叫喚。菜館中的局票與其他菜館也微有不同，上首冠有「徵歌」兩字。粵妓出局侑酒多自彈自唱，故侍女必挾一洋琴（或胡琴）隨來，其用烏師操弦的很不多見，非如蘇妓出局歌唱必僱烏師擔任操弦之職。

野雞拉夫

軍隊中每逢開拔當口，常有拉夫舉動，不料馬路上鬻淫之野雞也有拉夫的醜事。如公共租界之勞合路、貴州路、浙江路、大馬路先施公司後面、三馬路中法藥房門口、法租界之東新橋、東西兩自來火街和八仙橋、褚家橋，都是野雞站立的大本營，瞧見男子單獨行過，不論老的少的、漂亮的蹩腳的，她們都要上來拉扯。如看你誠實一點而不願被拉者，她們立刻召集了四五人或七八人蜂擁而來，拉頭拽腳的架你進去，任憑你力大如牛，到此也沒法擺脫。進去之後，如意志堅決，不願銷魂，起碼要犧牲小洋二毛才放你走出，她們的術語叫「接財神」。

她們的工作或在傍晚或在深夜最為努力，更有在青天白日也會拉扯起來。這副兇如虎狼的狀態，實在可恨可憐。因為她們受了環境的支配、生活的逼迫，不得已而出此。緣情度理，豈不既可恨而又可憐嗎？

去年春間，英、法兩租界警務處特派出許多警捕和便衣偵探，又備了一輛黑色警備汽車，馳往野雞的叢集地方，一個一個的捉到巡捕房去，或拘或罰，以示懲儆。經過了幾次捕房捕捉之後，現在已不敢在馬路上明目張膽地拉夫了。

到了今年禁令稍弛，她們又鬼鬼祟祟地站出來，做她的拉夫工作，而在冷僻地方又猖狂如舊。唉！孰令致之而至於此？真是予欲無言。

露天通事

二十年前的露天通事，人數很多，生意也很好。究竟露天通事是怎樣一種生意呢？就是外國人到城內南市去遊玩或購買東西，他們作毛遂自薦，擔任嚮導和翻譯，末了，或在購物店鋪中拿取回傭，或由外國人給與酬金。他們無固定的地點，只在南市各口跑來跑去，瞧見外國人進來了就上前去兜搭，自告奮勇擔任舌人職務，此「露天通事」之所以得名。從前依此為生的也有二百多人，現下這項生意已大不如前。因為近來的外國人大都精通滬語，進城遊玩和購買東西一概直接交談，無須舌人，故此業露天通事的人數也就大減特減了。

東洋女堂倌

現在的日本自命為一等強國了，不過五十年前（即清季同末光初），他們的賣淫婦女卻是遍地皆有，最多之處在那虹口一帶。彼時有所謂「東洋茶館」者，僱用一班年輕浪婦充女堂倌，斟茶、抹桌等一切執役都是女堂倌擔任。茶客趨往品茗，可隨意調笑和摸索，她們不但不怒，反曲意逢迎，唯恐不周。因此吾國的裙屐青年、善摘野花者，莫不趨之若鶩。倘欲真個銷魂，只須給她大洋二、三元，即可達到泄欲目的。

後來伊藤博文來滬，偵知東洋茶館的內幕，以為此種堂而皇之的醜業大坍東洋人之臺，於是就下令收歇，不准開設。現在東洋茶館雖久已收歇了，惟東洋妓館迄今在虹口區域內高張豔幟的仍舊很多。

青蓮閣茶室前年遷移至福州路、浙江路轉角時候，登載廣告說，僱用東洋女堂倌招待茶客。後因彼此條件不合，此議作罷，故未實現。今附記於此。

包車野雞

在十年以前，每到深夜時候，南京路上常有一種姿色美麗、衣服入時的雉妓，坐了一輛簇新的包車，在路邊緩緩而行。她在車上更不斷地左顧右盼，媚眼橫飛，遇有賈大夫輩偶然向她行一注目禮，就滿面笑容的搭訕上來，拉車的車夫也會賊忒嘻嘻的對著你扮鬼臉。她知道生意來了，輕輕地操著蘇白說道：「阿要到倪屋裡去（讀若起）坐坐。」你只要稍微顛一顛頭，車夫就掉轉車頭，拉回雞巢，你也就可做她的入幕之賓。至於夜度資、茶會費，比較在沿路亂拉行人的雉妓要昂貴一點，因為她們是「包車野雞」呀。南京路西頭的德裕里和白克路的珊家園，都是這種娼妓的集中地。

煙、賭、娼

上海的社會，物質上是文明極了，其實是煙、賭、娼三項結合之社會。試悉心體察之，處處有煙、賭、娼的成分在內，雖不能謂為全上海如是，至少限度也有八分以下七分以上，事實如此，並非苛論。第一是鴉片煙，迭經政府機關、地方團體一再嚴禁，一再呼號，而私運、私販、私吸三項，竟隨地皆有，無時無之。因此已戒者復思吸食，未吸者相率成癮。一班青年男女竟視為正當的消遣、唯一的娛樂，短榻橫陳，快樂逍遙。但是如此快樂，恐不久的將來即墜入魔道，永淪地獄，其苦楚正自無窮。惟沉溺者煙迷正濃，哪肯立即回頭，澈底覺悟？豈不可歎！

第二是賭，麻雀、挖花、撲克三者，已成為公開的娛樂品；牌九、搖灘、輪盤、花會以及一切的一切，為祕密之賭博。試觀全滬三百餘萬人口中，除小孩童稚外，至少限度約有半數嗜賭，賭之浸淫於社會，廣矣深矣！大賭窯中呼盧喝雉，一擲數萬金、數千元姑不具論外，商家居戶亦視麻雀、挖花為唯一之消遣。吾人行經街頭巷中，常耳聞劈拍叫囂之聲浪，可以證實余言之非虛。此類消遣偶一為之，雖無大害，但恐一經沉溺，即有廢時耗財之虞。但如此普遍的惡習俗，欲圖挽救，更非日夕之力可能奏效。至大賭窟之傾人錢財、耗人家業、敗人節操者，其害更不可勝言了。

第三是娼。說到海上娼妓，更屬遍地皆是。又有公娼、私娼之別，公娼者，包括長三、么二、雉妓、鹹肉莊、煙妓等一切，都納有捐稅，公開賣性，肆無忌憚；私娼包括明星、淌白、碰和臺、半開門等一切，即不納捐稅之謂。至全滬公、私娼之總數，未嘗加以精密調查，無法為之統計，然約略計算，當在十萬人以上。以如是眾多之娼妓，日惟營營擾擾，施行其勾魂攝魄、狐媚惑人之手段，而貽害於血氣未定的青年（或非青年），遂不可收拾了。試看滬人患有梅毒隱病的，前據某醫生報告，百人中竟達三十人左右，其數目殊堪驚人。

除女性之公、私娼妓外，還有男妓混跡社會，以營其醜業（如鍾雪琴、羅美人之類）。一般欲嘗異味之同性嫖客乃趨之若鶩。據說男娼亦出堂差，亦可碰和、吃酒、住夜。不過當局禁令森嚴，故皆祕密經營，不敢公然開張。

神祕的朝會

開店鋪的老闆娘和人家僱用的女僕，有了心愛的戀人，因晚上不便幽會，往往在早晨七八點鐘的時候，推說購買菜蔬，私往旅館，和其愛人相會以償其肉欲，也數見不鮮。某日清晨，作者到滿庭坊某旅社訪友，走上樓來，瞧見多數房間雙扉緊閉，門外擺了一隻空籃、一管小秤。作者睹狀大異，豈老闆娘買小菜買到客棧裡來嗎？客棧豈改作小菜場嗎？詢問茶役，役微笑不語。後來碰見了一位熟識侍者說道，他倆是「朝會」，又名「趕早市」。作者才恍然大悟，不過他們的所謂「朝會」和軍隊中的例行朝會，其旨趣當然是截然不相同呢。

茶房媒

人們行經愛多亞路一帶小客棧門前，常有一班茶房趨前低聲說道：「喂！先生，阿要進來開個房間白相相，剛有一位初次出來括括叫的好姑娘，好玩得很。倘使看不中意，分文不要。請進來罷！喂！」在你背後亦步亦趨，刺刺不休，必要跟隨許多路。如果你始終抱定不睬主義，他才垂頭喪氣而去。這是一種什麼玩意呢？就是他們拉皮條的副業。因為他在旅館裡執役薪水很少，全靠這種手段尋些外快，看見路過的人，無異財神爺爺光臨，那有不竭全力來做媒呢？呵呵！

還有各旅館中的茶房，大都兼任臨時月老的責任。客人到旅館裡去開房間，瞧你不帶眷屬，是個單身漢，他們就會攛掇你叫一個姑娘來玩玩。等到撮合成功，他們即在夜度資上得著一些扣頭利益（扣頭或三七，或二八，都無一定的），這也是一種茶房媒。

淌排、鹹肉

「淌排」與「鹹肉」同為賣性婦女，有什麼分別呢？因為「鹹肉」是上莊（鹹肉莊）去交易，「淌排」是隨地撩人去苟合，名稱雖異，實際則同。莊上花中，雖打扮得花枝招展，騷媚人骨，不免總帶些「鹹肉臭」（臭作毒字解）。

「淌排」者，如大河中的木排，淌來淌去，急色兒可隨意去撩撥，很易落水（即兩性接觸之意）。至苟合地點，都借旅館為泄欲之場，也有到他家裡去狎玩，不過事實上是很少的。莊上的「鹹肉」大都執有花捐照會，馬路上和遊戲場的「淌貨」乃係私自鬻淫，此又兩不相同的地方。

女招待

從前福州路神仙世界開幕時候，他們因為要吸引遊客起見，特地僱用女招待（即女茶房）招呼遊客。以後各遊戲場，如樂園、天韻樓、小世界、新世界、新新花園等，瞧見「神仙」生意興隆，也都辭退男堂倌，一律改僱女招待了。

不過女招待風行以後，而吃醋捻酸、軋姘打架的風流豔聞就此不斷地發生著。各報社會新聞欄裡，就加添了這一類的許多新聞。

女職員

十幾年前，商店中僱用女職員，只有福州路一家女子植權公司完全是女性充店員，現在這家公司已經關閉多年。後來性博士張競生所開之美的書店也僱用一班年輕貌美、風姿綽約的女性為夥友。到了目下，商號中僱用女職員的潮流已風起浪湧，如先施、永安、新新三大公司現都僱用女職員，以代男性，也有和男店員同櫃的。其他如各銀行、各公司的書記和打字，尤以女性為多。華人創辦之南市公共汽車，售票人概用女子充任，至南京路之女子商業銀行，顧名思義，當然以女子充行員了。

如此按摩

按摩院也是現在一種最流行的新事業。她們的廣告說什麼藥水摩擦、電氣摩擦，又什麼健魄爽神、去風除濕，實則一究其內幕，完全是變相的娼寮罷了。按摩院的地點，以老靶子路、霞飛路兩處最多，北四川路和愛多亞路也有。又分土耳其派、俄國派、巴黎派、中國派等幾種，中西混合的也有。她們按摩雖分兩種，一為清，一為濁，清的只有摩擦，濁的即可銷魂。但是她們對待主顧，都從「濁」字上面用功夫。

每次按摩費正項不過二、三元，然卻有種種開銷（如藥水費、電氣費、草紙費，以及一切小帳），必溢出十元以外，還不能厭其所欲。結果必至既耗錢，又傷神，倒是在意料之中呢。

唉！她們所說的「健魄爽神」、「去風除濕」，可以改作「落魄失神」、「追風獲濕」，卻還名副其實。

也有幾家專門在按摩上用功夫，禁止其他胡幹的，未始沒有，不過是少數而已。

女學生的醜業

海上的鹹肉莊現在已其多如鯽。「莊上花」（說來好聽些的叫「莊上花」，不好聽的就是「臭鹹肉」）的來歷，有姨太太，有尼姑、女伶，有野雞、淌白，有什麼明星、皇后，除此之外，還有真正道地、矜貴非凡的女學生。女學生是未來的英雌，和主人婆自命，今也降格而入莊求沽，豈非笑談嗎？實則一經說穿，也很平常。原來在大學校裡求學的女學生，她家庭的供給，每月多則數百塊，少則數十元，在理足供她的生活，可是為了奢侈和浪費起見，實在不夠需用，不得不尋些外快生意做做，於是就犧牲了皮肉去博取金錢，這就是她們讀書之外的一種醜業。唉！文明越進步，都市越繁華，女子的人格與貞操問題，早已墮落到萬丈深淵不可救藥了。

此是一種傳來的風說，是否如此也不能證實。不過海上淫風夙熾，社會黑暗，以意度之，或有少數墮落之女學生浪幹胡為，也不能完全說無。但願有則改之，無則加勉，那真是學界的萬幸了。

還有一種賣淫婦，她們故意仿效女學生的服裝，冒名賣淫的也很多。

跳舞、歌舞

跳舞風尚盛於西歐，據說是男女交際上所必需，又為兩性間結合的媒介，法國巴黎此風特盛。後來傳至滬上，一般專學時髦的男女青年都趨之若鶩。五、六年前的各遊戲場、各大旅館，都另闢跳舞場，供給摩登青年的需要，更僱了中、西舞女以應市，歐式音樂以娛耳。跳舞的名目很多，有卻爾斯登舞、華爾士舞、勃羅絲舞、探戈舞、狐步舞……等。彼時此風最盛，每天晚上，各舞場中莫不舞侶濟濟，宣告客滿。

更有投機家應時而興，紛紛開設了什麼跳

百樂門舞廳

舞學校、跳舞養成所、跳舞師範等，專教要學時髦、不懂舞術的青年們。到了目下，此跳而且舞之風已不及從前的發達了。

上面所述的跳舞是啞口的、不會唱的。後來又有一位人稱藝術大家黎錦暉先生發明了「歌舞」的調調兒，邊舞邊唱。又編撰幾隻《毛毛雨》、《妹妹吾愛你》、《哥哥吾愛他》等使人麻醉的歌曲，一時靡靡之音相習成風，而好學時髦、好出風頭的幾所女學校，特地聘好了歌舞教師，教導女學生專心練習，逢到開什麼紀念會、什麼籌款會，必大表演而特表演。那時的風氣，幾有「無女不歌，無生不舞」之概。

上海舞廳

黎錦暉

同時黎先生深慶吾道大行，不勝愉快，又在愛多亞路創辦一所歌舞學校，招收年輕貌美、善於作態的女子，教以「歌舞藝術」。並且他是竭力主張女子的肉體宜完全表露於外，他又說裸舞為西歐各國風行已久之藝術，非吾黎某所獨創。於是女子登場歌舞，只穿了一雙皮鞋，其他上身下體、兩手兩腳、小腿大髈，一概顯露。等到民十七，才由市黨部議決令飭禁止，黎先生才垂頭喪氣，掩旗息鼓，挾了愛女愛徒遠走南洋，以出賣其「歌舞的藝術」了。

近來流行的梅花歌舞團、桃花歌舞團、聯美歌舞團以及一切歌舞團體，到處獻節，提倡肉感，大得一部分觀眾的歡迎。惟是飲水思源，不得不首推黎先生的提倡首功呢！

神祕的北四川路

南自四川路橋，北至靶子場，一條很長很闊的北四川路，近年來市面興旺，日增月盛，已有「第二南京路」（即公共租界大馬路）之譽。又因此路除各種正當商業外，關於墮落一門的娼寮、賭窟、按摩院和一切不可思議的勾當，也都彙集在此，故又有「神祕的北四川路」之稱。

郵政總局、各銀行、各書局、各信託公司、各大藥房、各百貨商店，都屬正當商業。還有膳宿方面的大旅社、菜酒館、西餐館、宵夜店、點心店，也很多很多。這幾種商店間有通宵營業，夜不閉戶，其熱鬧狀況可見一斑。再有娛樂方面，有電影、粵劇、平劇、跳舞，統計起來也有多家。

墮落一門的妓館，分粵妓、日妓、俄妓、祕密賣淫和專接外國嫖客的鹹水妹。賭窟有花會總機關（現聞已遷）、銅寶臺、輪盤牌九，而新發明的按摩院也有數家。形形色色，可說已集其大成，足夠蕩子、淫娃徘徊其間，快活逍遙了。

最近聞有某菜館中發明一種「行樂和菜」，專為浪子銷魂而設。地點即在某菜館中，外觀如日本料理，湘簾低垂，音樂悠揚，加之菜香酒冽，聞之觸鼻。雖只一間小小雅室，不料其中竟如桃花源之別有天地。座分普通、特別二種，光顧賓客人數不拘，惟特別室起碼四人，可吃正式的酒菜，還可雀敘，作通宵的流連。醉飽以後，即有騷媚入骨的豔裝少婦來作薦枕之舉，代價雖貴，仍舊賓客如雲，戶限為穿。如此神祕，真神祕極了，誠不愧是一條「神祕的北四川路」！

虹口賭場

從前海上賭窟的範圍最廣和輸贏最大的，要算虹口賭場為第一，地點在華、租交界之香煙橋相近。凡具盤龍癖和外埠慕名而來的都趨之若鶩，每天的輸贏總有好幾萬塊。場裡賭具，只有搖攤一種（即用四顆骨骰搖出進門、出門、青龍、白虎）。民國以後，此項賭場漸歸冷淡，現在久已銷聲匿跡了。

當時一班賭客，盛稱虹口賭場很為公正，毫無弊病，並且贏了大數目，他們用馬車、汽車將款派人送到，絲毫不少。但究竟怎樣，可惜作者到滬已遲，沒有實地去調查，也不能證明其實況。

撒尿菩薩

菩薩老爺是非常尊嚴的神道，怎麼菩薩頭上加上了「撒尿」兩字呢，豈不大失敬而褻瀆菩薩麼？不過事實是怎樣的？

小東門外洋行街口，有一座牆壁上的廟宇（即嵌牆廟），中間供了一尊菩薩。那廟宇的芳鄰，確是一隻尿坑，每天小便的人，進進出出，不知其數。這位菩薩的香煙卻很旺盛，一天到夜紅燭齊燃，香煙繚繞，善男信女恭往拈香叩頭，很多很多。不過鄰近的小便生意太好，因之臭氣和香氣氤氳夾雜，經過其地，嘗聞得一種又臭又香的異味罷了。

據說這位菩薩生前是一位嫖客，纏頭一擲萬金不惜，到了後來金盡衣敝，無顏回家，就在這裡懸樑而死。死後，得過他金錢的諸娼妓追念菩薩鞠躬盡瘁，死而後已，不無悲悼，共同替他在牆角落裡嵌造一所壁廟，以作紀念。現在一般時髦紅倌人，每逢朔望，齊來燒香，她們說燒過了香，淫業必好。更有下等娼妓，倘使一天接不到嫖客，明

同性戀愛

男女相悅，名曰戀愛，戀愛到發生皮肉關係，已至戀愛終點。還有男和男、女和女之間也有發生戀愛者，兩男相處名謂「雞姦」，兩女相處名謂「磨鏡子」。這種事件，每年在報上社會新聞裡可以常常瞧見的。不過男女相悅事很平常，男和男、女和女之間也有同性戀愛的發生，一言以斷之，就是性欲上的變態罷了。

有人說：「滬市淫風熾盛，以致發生性的變態，若在內地，終可少見。」吾說，「龍陽君」、「斷袖癖」古來已有，也不能獨責上海一隅，不過比較上這類事件多些而已。

還有清季到民初時候，北方「玩相公」、「狎小旦」的風氣盛極一時。玩者說道是獨闢蹊徑，迎者也自承謂一種醜業。去年滬上有男妓鍾雪琴、羅美人輩，就是北方的相公一流。但是這個不能稱謂同性戀愛，只好稱一聲嫖興所至，隨便玩玩。租界當局因男妓有礙風化，早已嚴令禁止，故他們也不敢公然營業，大都如私娼般的暗中勾引兜搭。

上面說過，女和女相處名謂「磨鏡子」。這個玩意，據說都發生在娼門之間，況一經接觸，雙方醋意很濃，就不許旁人染指，並不許談戀說愛。她的面色必青白，她的眼睛必深陷，善觀氣色者一瞧就可以知道她們的所作所為。總之，也是一種性的變態。

花會狂

花會之害雖盡人皆知，但是知雖知了，陷溺者仍然觸目皆是。此什麼緣故？因為僥倖之心和貪得之念已成為普通的弊病，此所以到了現在，依然如狂潮般的氾濫而不可收拾了。

其他賭博只害及上、中兩層社會，花會之害，毒入下層民眾。因一物不知之傭僕和只有幾隻銅板的貧民，都踴躍加入做輸贏。且明知有三十六門之多，難以打中，於是想入非非，求神拜鬼、祈夢禱佛，甚有露宿郊野、伴棺酣睡，以冀鬼神之指示，達發財的迷夢。更且愈輸愈迷，愈迷而愈不醒悟，未了，家產破盡，債臺高築，無面見人，只有死路一條。

花會之唯一吸引力，一因中的後，一可得二十八倍之利益（如一塊錢下注，打中了可得二十八塊）；二因數目不論多少均可下注，且下注時不須出頭露面，有「航船」（即花會掮客）按時到門來取。有此幾種方便，故釀成此不可收拾之花會狂。

據說花會創自甬紹，今已毒流全國。小書攤上祕密出售之《致富全書》，即是學習打花會的門檻。可是這個高門檻實在不容易跨進，書中所載，盡是什麼精、什麼神、什麼怪的一類妄言囈語，附有詳夢指示，故有花會迷者，夜來得了一夢，必細細的照書研究，以博一勝。他們專在睡夢中求發財，財神爺爺有靈，也要退避三舍呢！

花會有「大筒」（即「大廠」）、「聽筒」、「航船」之分，「大筒」是決勝的總機關；「聽筒」是自己不開筒，依賴「大筒」的消息做輸贏；「航船」賽過各業中的跑腿，專供奔走收發之職。

花會的花名，如有利、井利、志高、三槐、吉品、元吉、坤山、日山、萬金、占魁、火官、九官、正順、必得、只得、明珠、艮玉、茂林、天良、安士、扳桂、伏雙、江祠、月寶、合同、太平、元貴、合海、青元、青雲、漢雲、光明、天申、榮生、逢春、上招等三十六門。每門中各有別名，如某屬虎、某屬牛、某屬羊、某屬丐、某屬僧、某屬尼，真是五花八門，荒誕至極。不過此區區七十二字，倘加以精密調查，每月不知要破壞幾許人家，結果幾許性命，輸去幾許金錢，妨害幾許風化。唉，真是可歎！

華、租界當局對於禁止花會很為嚴厲，吾們在報紙上面常常可以瞧見的，如某花會被捉，某聽筒被拘，某航船被捕。不但如此，公共租界每逢探捕檢查（即「抄把子」）行人時候，倘使在身上抄出一張花會紙，就要拘解法院，依法懲辦。禁令如此其嚴厲，可是這個大害仍舊未見得消滅和減輕。

據說三年前，有一位花會首領某甲，特地備了大香大燭，帶了許多鈔票，虔虔誠誠到普陀山去進香，並願在菩薩面前有所捐助，不料老和尚對於某甲的鉅款拒絕不收。後來逛到一處佛殿，瞥見偏殿旁高懸一大鏡，上有「孽鏡」兩大字，鏡面用黃綢密密遮蔽。某甲欲揭綢觀看，僧不許，甲再三懇求，僧情不可卻，才揭去黃綢細瞧之。鏡上忽現出某甲全身，下面一群鬼魅，伸手齊向某甲索命；甲愁眉苦臉，惶駭萬狀，欲退不得，欲避無能。甲睹狀驚悸僕地，經山僧竭力灌救才癒。某甲踉蹌回家，就得病而死。此雖跡近神話，不足為訓，然一念因果昭彰，天目如炬，也許有之。故作者仍附志於此，以示警惕。

遊戲場之始祖

上海租界地方，從前向無遊戲場。民國初元，黃楚九氏在南京路、浙江路、湖北路之間，建一高聳巍峨之屋頂遊戲場，名曰「樓外樓」。下層開設戲館（即前醒舞臺、新舞臺、競舞臺、天蟾舞臺原址），正門適對南京路大道，極冠冕軒敞之致，用升降梯上下，進門設有凹凸鏡數面。當時一般少見多怪的滬人，驟睹此高聳的屋頂花園和升降

黃楚九

老上海新世界遊戲場

上海大世界遊戲場

梯及凹凸鏡，莫不詫為希罕，故遊客趨之若鶩，營業很好。後來新世界、天外天、繡雲天（即今之神仙世界）、大世界、勸業場（即今之小世界）、雲外樓繼續興起，而老牌始祖之樓外樓反一蹶不振，關門停業（今漢口路之天外天、民國路之雲外樓也早已閉歇了，新世界南部已改為旅館，僅存北部，也時開時停）。

小客棧寫真記

租界上的小客棧，以愛多亞路、民國路、滿庭坊三處最多，不過比較起來，滿庭坊的小客棧歷史最久，數量也最多。它的內部組織卻很簡單，大都僱一茶役、一老媽子、一帳房而已。它的房鋪種數倒有多種，如高鋪咧，帳鋪咧，擱鋪咧，單房間咧，雙房間咧，統房間咧。它的名稱仍舊和幾十年前彷彿，概稱「某某棧」，而且招牌上「某某」兩字較小，一個「棧」字寫得很大。但是現在新開的也有改稱「某某旅館」了。

至小客棧的主顧，除掉起碼雌雄黨（即一男一女同往泄欲者）和茶役拉皮條的臨時野鴛鴦外，以白相人及做小販的或窮無所歸的做它的唯一老主顧。其他富商、大賈、哥兒、姐兒，向來是絕跡不往這種小客棧去投宿。

還有一種最奇的怪現狀，就是同棧的客人們，一見了面，不呼姓名，均呼籍貫。倘使你是年輕的杭州人，大家均尊一聲「小杭州」；你是廣東人，大家又尊一聲「小廣東」。這「小杭州」、「小廣東」，就算是客人的姓名了。倘使年老一些，他們就改叫你「老杭州」和「老廣東」呢！其他如紹興人、湖北人、寧波人、松江人、南京人，他們叫喚起來，一概以籍貫代替姓名，這不是奇特的怪現狀麼？

客棧名稱之變易

從前海上的大小逆旅，都一律稱為「客棧」（專便利過路客人住宿之意），大者如洋涇浜上的「全安泰」、「安全發」，公館馬路的「名利」等都是。且這種大棧房設備很簡單，客人去借住，概須自備被褥。現在則大大不同了，新開辦的都已改稱「某某旅館」或「某某旅社」，也有稱作「飯店」的。設備方面，不但華麗精緻，而且應有盡有。不過資格最老的「全安泰」、「安名利」數家，仍舊保存著三十年前的「棧」字當招牌呢！

打彈子

吃上了（上癮）鴉片煙，已為墮落廢民；今除吃煙外，還加上一項「打彈子」（即吃紅珠子、吃紅丸的別名）。譬如每天吃二塊錢煙的人，只要打二毛錢「彈子」就可過癮。且「打彈子」的傢伙又很簡單，只消一支起碼毛竹槍、一盞夜壺燈、一根鐵扡，即可打了。「彈子」則現成去買的，買來就可吃，沒有鴉片煙熬煎之煩，手續很便，耗費又省，故此一般廢民，都樂而打之了。但是「打彈子」這個玩意起初很省儉，到了後來天天要繼長增高，從前打二毛錢的彈子，現在非打三、四塊錢不能過癮了，倘使少打一些就覺著遍體不舒服。於是越打越多，越吃越大，到了那時，從新要想改吸鴉片也有所不能。至「打彈子」的意思，因吸食的人橫躺了身體，用一根鐵扡戳上一顆紅珠子，對準煙燈稍微撥一撥，就能「吱吱」呼吸，名曰「打彈子」，殆取義於此。

發售紅珠子的人，美其名曰「槍上戒煙丸」。據說這張製合紅珠子的毒方由矮國傳來，珠子的原料共有十幾樣，如海綠英、高根、麵粉、糖漿等物。海綠英和高根為著名毒品，故吃了幾年紅珠子，能使毒入臟腑，敲骨吸髓而斃命，一旦發作，只有呻吟而死，沒法可救，其害比較鴉片煙還不止十倍。

現在內地各處的煙民，因為吃紅珠子比吸煙來得便當，都改吸了紅珠子，至日後的大害，他們不遑計及。飲鴆止渴，無以過之。紅珠子的製造地是以上海為大本營，而內地的大碼頭也有製造者。此害不除，吾炎黃子孫不待異族來滅亡，自己就會慢慢的亡國滅種而有餘。

戳藥水

鴉片煙的代用品，除了紅丸以外，還有戳藥水和吃白麵兩種。今先述戳藥水的內幕。其法以少許白粉（即嗎啡）用水浸之，灌入一支有機括的尖針，對準煙民皮膚穴孔，將粉汁輕輕射入。剎那間，能使垂頭喪氣、呵欠連連者，骨骼頓時鬆快，精神頓時充足，另外變了一副面目。且手續簡單而便當，藥性又靈又快，不論怎樣脫癮難過，只要戳下一針，就可恢復常態。起初戳時，和吃紅丸一樣，譬如每天吸兩塊錢的鴉片煙，只須耗費二、三毛的藥水費已盡夠而有餘。不料日積月累，逐步加增起來，一、二年後之打針代價，必要超過以前吸煙的所費，屆時已欲罷不能、欲絕不可了。

去年冬天，作者到菜市街自來火街左近去看一個朋友，因為夜色迷蒙，誤入一家代人戳藥水的地方。屋內一燈如豆，半明半滅，兩旁長凳上坐了二十多人，有衣衫襤褸者，有衣冠楚楚者，各各袒胸露臂，垂頭喪氣的以待打針，況且各人的皮膚上都紅腫腐爛，臭氣四溢，不可向邇。又見一口銜紙煙、手持針器之人，往來蹀躞，做他的打針工作。俄而有一摩登少婦，衣服華麗，身披狐裘斗篷，姍姍而至，也坐在長凳上待打。某煙民道：「像你太太，盡可在府上吸煙享福，何必要來打針呢？」少婦囁嚅道：「戳上了藥水，雖吸食大土清膏也不能過癮，故不遠而來打它一針，以求暢快。」

戳藥水戳了幾年，將來必至四肢腐爛，毒發而死，其害之酷烈，比較洪水猛獸還要超過百倍。

吃白麵

什麼叫白麵？就是毒物嗎啡，因它顏色雪白，細如粉末，和普通當食品的麵粉差不多，個中人呼以「白麵」，作為暗號。吃這毒物最盛的地方，第一要算山西，次者若北平，若天津。山西全省，每年只嗎啡一項，要消耗到六千萬元的金錢，如此大漏卮，實在駭人聽聞。這個東西都從矮國運來，在華北以天津日租界為販賣大本營，再陸續運到晉、綏、察各省去。山西地方，不但黑籍中人嗜食若命，即正當商人、學校學生，向無煙癮者，每逢客到，也用此物奉客以表其尊敬。吸食白麵，比較吃紅丸更為簡便，只用捲煙一支，搗之結實，將嗎啡少許放入捲煙頭內，以火燃之，即可呼吸。初吸時腦脹欲裂，吸慣後才覺精神一振，常吸不斷即能成癮，久久且能毒入骨髓，腐爛而死。

在南方的販賣機關，以上海為大本營，矮人施其偷天換日的本領，拚命運來以害華人。至毒物的去路，大部分用以製紅丸、戳藥水兩項最廣，而旅滬之北方癮君子，也有食此以代鴉片煙者。

唉！鴉片煙之毒還無法消滅，今又加入嗎啡之毒，真是一毒未除，一毒又來。推原其禍，雖係不爭氣的華人自取其咎，也是受矮人所賜。他們要滅亡吾民族，才千方百計的一大批一大批的運到吾國來，名稱上說是做生意，其實他的存心，要假此毒物以殺盡吾華人方肯甘休。

出賣籠頭水

在那街頭巷尾間，有人手裡拎了一隻蒲包，叫喊著「買籠頭渣」、「籠頭渣有嗎」的聲浪，是常常可以聽見的。究竟這個「籠頭渣」是什麼東西？原來是吃鴉片人煎燒好了煙膏，餘剩下來的渣屑，名叫「籠頭渣」。他們收去後，再賣到籠頭水店鋪裡，經過一回很簡單的泡製，就變成「籠頭水」了。出賣籠頭水的店鋪多開設在磨坊街上，水的定價是四隻銅圓一中碗，六隻銅圓一大碗。一天到晚到那邊去買籠頭水吃的人，著實不少。籠頭水店裡的常年主顧，最多數要算拉黃包車的仁兄，其次是窮小販。拉車子人很多掛名黑籍，他們的生活全靠兩腳奔波。他們賺錢又不多，要想吃煙吃不起，不吃就兩腳沒力，不能拉車，不得而已求其次，只好吃些籠頭水以代替。常有煙癮大的車夫，奔跑得上氣不接下氣，臭汗直淌，面色翻白，到了籠頭水店裡吃了幾碗，就會臭汗立止，恢復原狀，而且精神百倍，兩腳有力了。

有一天，作者走過磨坊街籠頭水店門口，瞧見一個煙容滿面、神氣頹喪的車夫，一口氣「嘓嘟嘓嘟」連吃了四大碗的籠頭水，好像越吃越有味，他的精神登時恢復起來。不過這種吃法，賽如牛飲，倒是難得瞧見呢！

南市新舞臺

三十年前的上海戲館，概稱「茶園」（如丹桂茶園、春仙茶園、群仙茶園等）。戲臺是方式的，正廳上也用方桌和靠背小椅排列。到了民國初年，此等舊式戲館才逐漸淘汰盡淨，到如今腦海中只留一印象了。

清朝宣統初年，老伶工夏月珊、夏月潤、潘月樵、馮子和與滬南紳士等，在十六鋪南里馬路發起開明公司，建築可以旋轉的新式舞臺，取名「新舞臺」。臺係橢圓式，一切裝置純從歐化。起初數年營業很佳，等到癸丑（民國二年）「二次革命」一役，因為軍事的關係，營業一落千丈。繼而停鑼歇鼓，另在九畝地地方重建一臺，仍名「新舞臺」，開演不滿一年，復毀於火，損失很大。但夏氏昆仲並不灰心，再接再厲，作第三次之建築。開演十載，還稱順利，後因月珊病故，又因種種關係，由開明公司各董事議決拆除舞臺，改建市房。今人行過九畝地，已無高聳宏偉之新舞臺了。海上戲館由舊式茶園改築新式舞臺，要算南市新舞臺為最早，有新式舞臺，然後有像真背景和魔術機關。今各舞臺盛行的機關背景，也算新舞臺為最先發明。

蟾宮折桂

從前梨園行中，有「三卿」者最有勢力：一為大舞臺之童子卿，二為丹桂第一臺之尤鴻卿，三為天蟾舞臺之許少卿。今都改行的改行，病故的病故了。

當初許、尤兩君，本合組丹桂第一台，後來因彼此發生意見，不能共事，許少卿乃脫離關係，在二馬路醒舞臺舊址，組織天蟾舞臺。初開幕時候，一般人都莫知其題名之妙，實則隱示「蟾宮折桂」、「打倒丹桂」之意思。「蟾宮折桂」四字，本科舉時代秀才中舉人的典故，今因同業競爭之故，也襲此遺意，取了戲園的名稱，可謂諷刺深刻，極咒詛之能事。

天蟾舞台

真刀真槍的創始人

十五年以前，伶人周詠棠（即「四盞燈」）在二馬路醒舞臺舊址開設一家迎仙舞臺，聘了一位文武鬚生何月山。登臺不多幾天，就大紅特紅起來，從二百塊錢一月的包銀，漲到一千以外，何月山也因此享了四五年的大名。

他享名的原因有二：第一，他肯拚命賣力；第二，因發明了真刀真槍，在臺上大打其花樣。如《塔子溝》、三本《鐵公雞》一路的跌打戲，都用真傢伙上臺，雪亮的刀槍戈矛，武行之敏捷對捽，能使一部分觀客目眩叫奇，讚歎不止。

其實做戲原是假的，故以揚鞭作馬，疊桌為城。

如果用真傢伙上臺，卻是假戲真做了，和「戲」的意義已離題千丈。故當時一般評劇家紛紛訾議，都說道是不應當的。

共舞臺之男女合演

海上男女伶人的界限，從前各有分別，演起戲來也不相混合。十幾年前，周詠棠（即「四盏燈」）和妻「媚香樓」接租共舞臺後，仿平津辦法，首先創辦男女合演，伶界風氣為之一變，此只法租界一隅而已。又過了幾年，英租界及華界各戲園、各遊戲場，也都接踵而起，一律實行男女合演。又英租界戲園之男女合演，要推顧竹軒開設之天蟾舞臺為倡始哩。

女伶封王

七八年前的女伶，唱戲唱來紅了，就有捧角朋友和你出張特刊和「封親王」的把戲，如小香紅封她「香豔親王」，琴雪芳封她「琴豔親王」，粉菊花封她「粉豔親王」，張文豔封她「文豔親王」等等。到了「封王」那天，必會齊了一班捧角同志，替她送鏡架、銀盾、聯幃之類，並群赴戲園捧場，以昭誠敬。直至革命軍到滬以後，這種無意識的把戲（捧角同志也許認為很有意識呢）才告絕跡。不過他們捧女伶捧到三十三天以上，究竟是尊重她的藝術呢，還是醉翁之意另有目的呢？老於世故者定能明瞭他們的用意吧。

開房間

現在新興起的大旅社與大飯店，他們唯一的主顧，並不是專靠外埠來的旅客，反依賴本埠的一班寫意朋友為他們主要的主顧。因寫意朋友為娛樂消遣起見，常常呼朋引伴，往大旅社去開房間，賭賭輸贏，叫叫堂唱，吸吸鴉片，喝喝美酒，無憂無慮，何等寫意！更有偕同心愛人以旅社權作楚陽臺者，也很多很多。房金雖貴，耗費雖巨，他們決不吝惜，只要求身體上的舒服和快活罷了。

大旅社的設備冠冕堂皇，清潔美麗。物質上的布置又很周到，每間有電話可以祕密與人接談，夏天有電扇，冬天有水汀，洗浴洗臉又有冷熱龍頭，上下更有電梯，大便有歐式坐桶，小便有新式尿池，其他如賭的、嫖的、吸的、喝的、食的、舞的、玩的，也靡不一應俱全，聽憑寫意朋友隨意選擇。

開房間有打公司合開的，有獨開的，有長期的，有短期的。打公司開的，無非一時興起，玩玩而已；獨開的，都注重發洩性欲一路；長期的，有闊客以旅社作外舍，憂哉遊哉，隨意逍遙，有商人以旅社充市場，為接洽談話機關；短期的當中，卻有外埠過路旅客夾雜其間呢！

旅社、大飯店

從前海上的新式大旅社，只有「三東一品」（即大東、東亞、遠東、一品香四家）。不意從民十七到現在止，開設大旅館者竟接踵而起，連綿不絕。東面建造一所大房子是開旅社的，西面興築一所大高樓也是開旅社的，其他南面是如此，北面也是如此。一般資本家的眼光，大家集注在「大旅社」三字上，自忖欲發大財，非此不可。但是說也奇怪，每開一家大旅社，只消先行交易，還未擇吉開張，而男女來賓已蜂擁而至，數百個大小房間都預定一空，生意之發達實出意料之外。莫怪旅社各老

一品香飯店

闔鎮日價眉開眼笑，皆大歡喜。

現在新開的大旅社，都不名「旅社」而稱「飯店」，像爵祿、東方、中央、大中華、大上海、大江南、南京、大滬等，還有已經拆去舊屋正在興工建築中的也有幾家。大約在最近一二年間而層樓高聳、設備歐化之大飯店，必有多家開張呢！

還有完全西商開辦的弧樊、滄洲、別克登、禮查等大飯店，也有好幾家。

兜喜神方

到了舊曆元旦那天，一班富家翁、闊青年，都挾了嬌妻美妾或娼寮豔妓，同坐汽車，在清晨之間向四郊馳騁一周，名叫「兜喜神方」。他們以為這麼一來，晦氣星退走，富貴星進門了。這種含有神祕而迷信的妄行，處此科學昌明時代，實在是不應該的。也有明知其謬妄，因欲求取妻妾娼妓的歡心起見，也不得不奉命一「兜」，真是可笑！

兜圈子

有一種是初到上海的鄉下人，往往走錯了路徑，不能回到寓處。譬如在四馬路、雲南路轉角上大叫黃包車，說道要到四馬路跑馬廳去。狡獪的車夫瞧了他這一副曲形曲狀，知道他是初次來滬的鄉老兒，有意戲弄他，討價二毛車錢。鄉下人心裡已急極了，一聲不響就跨上車子，催他快走。車夫特特地地兜了一個大圈子，然後拉到跑馬廳去。其實四馬路、雲南路轉角到四馬路跑馬廳只有十多間店面，瞧也瞧得見，何必要僱車子呢？因為鄉下人不識路徑，就吃了苦頭，上了車夫的大當。

兜風

有產階級的闊人到了夏天，待在家裡不耐煩，到了晚上，每每攜同嬌妻美妾或娼寮中的時髦妓女，坐了汽車，風馳電掣般駛往四郊去白相一回，名叫「兜風」。

其實既為闊人，家中必有高大華麗的房子、亭臺樓閣的花園，又有各樣消暑用品和食品，躲在家裡盡可卻暑納涼，為什麼還要心不知足的出來兜風？其實他們的兜風並不是真要納涼，不過出出風頭，取悅異性罷了。

浴室堂倌

海上各浴室的僕役（俗呼「堂倌」），概以鎮江、揚州、丹陽三處人充任，至浙江餘姚人充任者，只有麥家圈雙鳳園、九江路又日新、福建路尚潔廬三家。

擦背、扡腳、剪髮三項，為浴室中常備的工役。顧此三項工役的籍貫而論，計分三處，一揚州幫，二丹陽幫，三句容幫。以人數多寡言，揚幫最多，丹陽幫次之，句容幫最少。

女浴室

上海灘上的風氣，色色都能爭先，惟是女浴室的開設，遠不如平津之盛，到如今只有浙江路一家龍泉家庭女子浴室。該浴室開設迄今，不過六、七年光景。龍泉下面是龍園盆湯，女浴室的主人就是龍園的老闆。樓上是女子洗澡，樓下是男子洗浴，彼此雖僅一樓之隔，而界限森嚴，絕不相混。

龍泉的布置、設備都和男浴室相同，帳房、堂倌以及扡腳、擦背都是女性擔任。至於浴客，以「窯姑娘」與「淌小姐」為多。現在的大旅社均設置西式浴盆，故公館太太、摩登女郎開房間洗澡的很多，以故女浴室的生意不能算十分發達，倘使再創一家，恐不能支持下去。否則，上海的商人慣會投機，那肯不斷起而開設呢？

擦背

浴室中從前僱好一班工役，代客擦洗背部，名叫「擦背」。因為背在後面，浴客自己擦洗很不方便，才立此名目，替人擦洗。但是現在「擦背」都擦全身了，一因工役殷勤奉承，希望多得些代價；二因浴客多貪懶，樂得聽其所為，只要寫意，那惜小費？不過這名稱目下仍舊名「擦背」，不名「擦身」，已是相沿成風，不可驟改了。

清水盆湯

各老虎灶茶館，每年到了夏季，必兼營「清水盆湯」的生意，十家倒有九家是如此。他們的設備很簡單，只安置了二三隻木質浴盆，並支布作幔以遮隔之，門口掛了一盞「清水盆湯」的油紙燈籠以為招牌，這幾種簡單的東西就可以滌污洗垢了。因它取費很廉，故下層民眾和一般經濟朋友都歡喜浴之。不過「清水盆湯」的生意只有夏季二三個月，一交秋令，他們就撤除器具，停止營業。

劉海粟

模特兒

七、八年前，美術專門學校校長劉海粟氏，因欲研究藝術上曲線美起見，特地僱了許多婦女，天天精赤條條、一絲不掛的站在教室中，供給學生實地描寫，名曰「模特兒」。劉先生說，這是東西各國久已風行過，並非劉某獨創者。但是抱舊思想的，仍舊掩耳卻走，目為怪物，即同道中也多非議。劉先生自思因提倡藝術之故，平空得了許多譏笑的輿論，特自號「藝術叛徒」，以示與大眾思想不同的表徵。

更聞北平各校，有臨時僱用男丐充模特兒，代價比較僱用女子尤廉。他們說：「女子有曲線美，難道男子沒有嗎？」這叫做南北相對，無獨有偶。

上海美專模特兒寫生課

課後和模特兒合影

曲線美

現在最摩登的新女子，衣服尺寸越窄小越美觀。到了夏秋，只穿了一襲薄薄的短旗袍，袖口又短，不但露臂，竟是露肘，把她一雙臂肉完全顯露。又穿短褲和肉色絲襪，驟見之，兩腿膀幾與雙臂一樣，走起路來扭扭捏捏，她的尊臀也一聳一凸的。總之這種形狀如叫思想陳腐的人瞧了，莫不叱為怪物；在軋時髦人見之，愈讚美她的全部曲線美的豐富了。

美女月份牌

美女月份牌

龜頭套

相傳這件東西從前寶善街一帶的天津雜貨店鋪都有出售，不過去買它，須將隱名叫出，才可以如願以償。這個東西的用場與春藥相彷彿，與風流如意袋不同。不過春藥是吃的，這東西套在生殖器上面作馳驅歡場、蹂躪女性的利器。昔聞著名淫伶和拆白黨慣用此物以惑人，因此污人節操、離入骨肉、拆人金錢、傷人生命已不在少數，如以《金瓶梅》上西門慶用的銀托子相比，似與這件東西有同等的罪惡。

泥製春戲

泥製玩具盛行於無錫，天津也很著名，並有秘製春戲出售，從前廣東路一帶的天津雜貨店都有售賣。不過你欲去買一具玩玩，須叫得出隱名（和買龜頭套相同），才可如願以償，否則拒絕不賣或推說沒有，這和某壽縣鋪出賣「角先生」是同一的規例。

天妃宮

北河南路鐵大橋堍有天妃宮（又叫天后宮），額曰「湄洲聖母」，據說為從前航海中人集資建築。進門為廣場，再進為戲臺和兩旁看樓，三進為大殿，中供神龕，後有寢宮樓。從前每逢朔望及聖母誕日，一班善男信女誠惶誠恐地前往拈香，肩摩轂擊，戶限為穿。又相傳輪船在海洋中，逢到巨風大浪，聖母嘗顯靈保護，以故航海中人更篤信不渝。常州盛宣懷氏也有一副長聯掛在大殿之上，旁有跋語，演述聖母顯靈事蹟，歷歷如繪。平時之廣場上及戲臺下，俱為江湖醫生和各小販及賣藝人叢集地點，叫囂喧嘩，十分鬧熱，因此鐵大橋又名「天妃宮橋」。宮內由羽士住持，既有香金，又得各販租費，雙倍進賬，其數著實不少。後來款產處探悉天妃宮屬於公家產業，理應收回，不能聽住持老道鵲巢鳩佔，享盡不勞而獲之大利，初將一切江湖醫生、小販、賣藝驅逐出宮，不許逗留，只將大殿暫行保留。收回之後，改設縣立第二高小學校，以戲臺充教室，看樓作應接室和休息室。革命後，區黨部也以看樓為辦公地點。至民十七，由黨部議決實行驅逐羽士、焚毀偶像後，才算完全收回。現在房屋依舊，內容全非，廣場上的兩根旗杆也已卸下，刻下所存者，只門口「湄洲聖母」的一塊橫額而已。

查該廟係清光緒九年築成，聖母係福建莆田縣林氏女，父名願，母王氏，生於宋建隆元年三月二十三日，至雍熙四年九月九日升化。

南石路與北石路

鄭家木橋起直到老閘橋為止約有一里多路，總稱「石路」，又分別從南京路朝南稱南石路，南京路朝北稱北石路。這路的名稱，在那二十年前，此路統用小石子砌築而成，故名石路。自從行駛了無軌電車，將石子路一律改造為柏油水門汀後，已名同而實不同，不過人們早已說慣石路，只得仍舊稱它石路罷了。

從前南石路兩旁，到了晚上為各舊貨小販叢聚之地，百貨雜陳，叫賣兜搭，嘈雜不堪，現在這種舊貨攤早已沒有看見了。

剪髮留髮

從民十六革命軍到達上海後，一般婦女因潮流所趨，群以剪去髮髻為時髦，不論老的、少的、媸的、妍的，大半均剪除為快，留髻的不過少數而已。那時的景況，宛如民初男子剪髮相同，剃頭店也加添了一筆好生意，因為剪去髮髻後，須常常到剃頭店去修髮呢。初剪的時候，大都剪得精光，像剝光雞蛋式。後來又慢慢地將腦後髮留起來，或二、三寸，或四、五寸不等，剝光雞蛋式一變為鴨屁股式了，此種留髮已為目下最普通的。還有一種摩登化婦女，竟留長至七、八寸或尺餘，中間分開，梳成兩根小辮，也有散披在兩肩膀上，形形式式，可謂無奇不有。不料一髮之細，卻也有如此的變化。

中委張溥泉（繼）先生前在北平，對於婦女腦後披髮最為痛恨，有「打倒披髮鬼」的口號。不過口號是口號，披髮是披髮，這種主張可謂一點效力都沒有。

梳頭傭

婦人髮髻，除少數自理外，大多數都叫走梳頭女傭代梳，或天天來，或隔日來，均無不可。工資最普通的每月兩元（有三元者，也有一元者），她們能有十多戶頭，即可依此為生活。而真正的闊綽大戶人家則有固定的梳頭女傭，不需走梳頭的了。

還有一種可惡的梳頭女傭，以梳頭為名義，到處穿房入戶，鼠竊狗偷，也有勾引人家婦女為非作歹，亦數見不鮮。不過現在潮流，婦女大半截去髮髻，梳頭女傭的營業已日漸衰落，不如從前的發達。

大褲管與小褲管

關於男、女衣著上式樣的變化，至今日而已極，像寬大變窄小，窄小變寬大，變來變去，不知要變到幾時才休。現在且講男子的褲腳管。在十幾年前，男褲子的腳管以窄小為時髦，且另外用緞帶紮牢。後來這用帶紮的小褲管一變而為大褲管，而紮帶一層也就廢去。最近幾年又由大而小，仍用帶紮住，不過從前是用緞帶，現在則用褲子本質做紮帶，且縫在褲上，較之以前另用緞帶更為便利了。

平心而論，冬天時候宜用小褲管，用帶紮之，如在夏、秋兩季，則用大褲管來得便當呢！

畫眉

婦女畫眉毛之風，由來已久，並且從前有位張敞，曾經替他夫人畫過眉，已成為千古韻事，為研究愛情者的稱羨。現在且講目下。當那十幾年前，婦女眉毛愈粗愈美觀，兩頭有棱角，雖不及舞臺上唱旦的眉毛那般粗，可是也相去不遠了。至最近數年間，婦女畫眉毛愈細長愈摩登，且大都將天然的眉毛薄得精光，然後畫成細細一條，這是目下最時髦的畫眉毛。

耳環

婦女耳環的式樣，在古代時本來越長越美，而且環上綴的東西又多，走起路來錚琮有聲。後來這種很長的耳環子大家認為不便當，就逐漸改短至圈式了。到了近年，女校中的學生以環子無甚意義，短短的耳圈也索性不穿戴。不過現下摩登式的婦女和娼門中的紅倌人，又盛行長式的耳環子，環上又綴了許多五顏六色的東西，像多寶之串，她們以為美觀，其實是復古罷了。

染指

現在的摩登婦女，除嘴唇染得紅紅外，還有纖纖十指也染得緋紅，以示她的時髦。但染指風氣不自今日始，從前的婦女也有染者，不過彼時都將鳳仙花瓣搗汁染上，不費分文。現在的染指顏色，用一種舶來品的油質，在金錢上面又多增若干的漏巵了。

硬領頭

女子衣領用硬領頭，在二十年前已風行過了。那時候領頭越高越時髦，冬天衣領竟有長至七、八寸以上，不但頸項完全隱沒，連半爿臉孔也被遮住。後來高領頭變為低領頭，在某一時間內更風行一種無領之衣。

到了現在，女衣領又慢慢的加高起來，雖沒有像從前有七、八寸的高度，最時髦的也有三、四寸了。且夏天所著薄如蟬翼的單衣，其衣領又高又硬，燙得筆挺，著在身上頸項動也不能動彈，和清季時代犯人帶枷差不少。

不但女子如此，摩登式的青年也歡喜用高而硬的領頭，越高越摩登，越硬越時髦。旁人看了替它難過，而摩登青年反洋洋自得，絲毫不以為苦。

合會

凡中、下層民眾不能無緩急，有了緩急，因一時周轉不靈，得不到現款，於是有合會之舉，仰求親友幫忙，以助其成。說到合會性質，據作者所知有（一）搖會，（二）八仙會，（三）標會，（四）單刀會等四種。搖會或一個月一次，或二個月、三個月一次。每次到達會期，由首會人召集各會腳，用六顆骨骰搖之，點多者得會。八仙會則不用骰子，起始由首會人派定某人何時收會，依次挨收，至各會腳收完為止。標會則到期時，由各會腳投以標注，標多者得會。單刀會的各會腳只交一次會銀，以後由首會拈鬮拔還。

上海灘上搖會最多，至一會數目從數十元起到數千元為止，各視首會人的身價和需要而定。每逢會期，都借茶館為集合地點。八仙會則內地很多，滬上較少。標會含有投機性質，往往無結果，滬諺有「十標九散」之謠，即十個標會有九個半途解散，不能圓滿結果（標會中分統標、挨總標等區別，挨總標較為可靠）。至單刀會只交一次會費，故曰「單刀」，全以挨情求面請人幫忙，最為合會中之下乘。

搶油主

每逢新開店鋪的第一天，俗有「搶油主」之風。什麼叫做「搶油主」？就是這天一窩蜂去買便宜貨。因為新開店鋪要號召主顧起見，將各貨廉價發售，故已成為相沿之風氣。新開第一天的早晨，店門未開，必有許多主顧一窩蜂的走來，人聲喧鬧，爭先恐後，男女雜遝，擁擠非常。他們的來意，異口同聲的說道：「搶油主！」「搶油主！」不論什麼食的、用的、穿的、戴的各種商店，到那第一天開張，必有這種熱鬧狀況，且店鋪的場面越大，「搶油主」的更為踴躍，都道這爿店鋪大，資本厚，必定肯犧牲多量血本，舉行只此一遭的蝕本生意。

今年春天，南市新開一爿糟坊，門口貼出一條黑字紅紙，大書「本號擇定某月某日開張」，更使人揚言道，恐開張那天主顧擁擠，有招待不周之處，先出賣油票：譬如市價每塊錢只可買油五斤者，它特放盤二斤，可得七斤。於是一傳十，十傳百，大家爭先恐後去買票，兩三天之間，賣出油票六千多張。等到開張那天，大家持票前去取油，不料走到這爿寶店門前，依然雙門緊閉，先前貼出的開張紅紙條也不見了，碰碰門，又毫無聲息。大家疑惑起來，群往警署，控告它詐欺之罪。後來署長派員去將店門啟開，瞧見屋內只有空油簍數十隻，桌凳幾件，別無他物。騙子已挾款潛逃，蹤影全無。這一幕「空城計」很覺得滑稽之至，而一般貪便宜人要想搶著油主，結果吃不到什麼便宜油，反被騙子騙了油價去，世之好貪便宜者，應以此為戒。

米蛀蟲和地鱉蟲

吃米飯的朋友和買賣地產的朋友，滬人均戲呼他們「米蛀蟲」和「地鱉蟲」。這種諢號加在他們的身上，也有緣故。因為廁身米店或米行的老闆夥計和販售地皮的掮客，他們門檻極精，資訊也很靈通，物價的消長、市面的變遷，他們都能爛熟胸中；做起買賣來，口中說得天花亂墜、面面俱到，到了後來，他必利益倍蓰，腰包充盈。

滑稽公司

按照現在商業公司的名稱，只有無限公司、有限公司和兩合公司數種，其他像個人經營和二三私人集資合辦的，概不礙稱為公司。可鄙滬上一部分的商人，毫無常識，往往有獨資經營、範圍極小的商店，也掛起「公司」牌子來，自謂稱了公司，就可以榮耀萬分，豈不可笑？近來菜市街上新開一爿小賣店，居然也高掛「粽子公司」。甚至賣五香豆的朋友，他那隻盛豆的籃子，也懸著小小銅牌一方，上面刻了「天香公司」四字。這種公司，不但取得豈有此理，而且覺得滑稽之極了。

狂潮之一瞥

上海灘上每逢產生一種新事業，只消時髦些、發達些，就會有人跟著學步，如潮水一般的蜂擁起來。有人說，因為上海人富於一窩蜂的天性；也有人說，上海地近大海，天天飲足了含有潮水性的自來水，故一窩蜂的性質已成為上海人的第二天性了。

最遠的，在清季發生過一回橡皮股票潮，入民國後，最大的是交易所潮，其他如話劇潮、捲煙潮、牙粉潮、畫報潮、橫報潮、模特兒潮等等，潮來潮去，已犧牲了許多金錢和許多生命。

最近的電影潮和武俠小說潮還在繼續產生，方興未艾。唉，上海的狂潮！

摩登化

現下上海所謂一般新時代的女子，她必穿了短旗袍（也有著短大衣的），著了高跟皮鞋和肉色絲襪，燙了水波式的頭髮，畫了筆直細長的眉毛，面塗了濃厚的脂粉，唇塗了血色的口紅，著了短褲，挾了皮包。這是一種什麼裝束？即她們竭力仿效的摩登化，也是現代最時髦、最從新的裝束。「摩登」是外國譯音，就是新式而有次序的女子。吾說她們力摹摩登化，已有七八分相象。可惜兩乳不高聳，頭髮不金黃，鼻子不高大，眼睛不深陷，和真正道地的外國摩登女子相形之下，還差一些，也是她們的遺憾。

雞叫做到鬼叫

閘北之青雲橋、談家橋、天通庵橋一帶地方，為絲廠、綢廠、布廠最多之地。該處地近荒郊，又為各殯舍和義塚墳集中之處。各廠規定的作工時間，每天清晨四點半天沒明亮即須到廠工作，直到下午六點半才放工休息，每天工作在十三小時以上。「一．二八」後因各廠業務清淡，工資都一律減發，向係六角者現發四角，四角者現發三角，而各女工依然紛至遝來，大有人多工少之慨。

在夜色蒼茫間，各女工從廠中回來，手裡拎著食器小籃，向人苦笑道：「雞叫做到鬼叫。」這一類歎息的話，吾人如從她們身畔走過，可以常常聽得到的（按：天沒明亮，正雞聲喔喔時，她們已經進廠工作了；秋、冬日短，到了六點鐘已滿天昏黑，野墳叢墓間磷光閃爍、蟲聲唧唧，故有「雞叫做到鬼叫」之歎）。

張競生

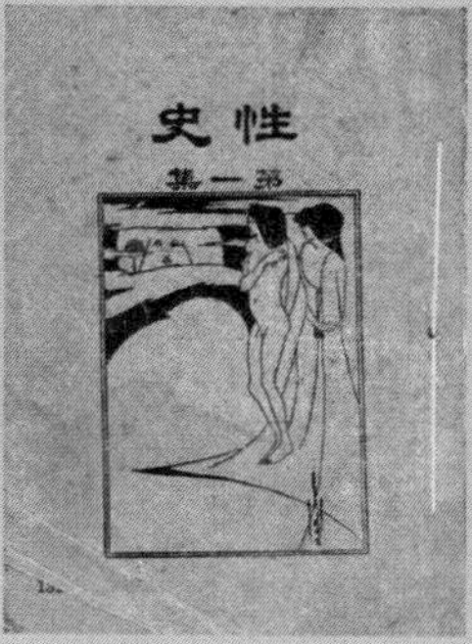

張競生《性史》

張競生的《性史》

民十五，國立北京大學教授張競生氏，忽編輯了一本《性史》小冊子，專演述男、女兩性間的接觸事。封面刊著「北京優種社」出版，書底不刊版權，連頭帶尾共只十篇文字，用三十二開紙印刷，不過六十張而已，定價一元，實售八角。出版不多時，竟能哄動一時，購書人不以為價昂。疊次再版，共印了五萬多冊，一概賣完。後來要買《性史》的人，居然有錢沒處買，竟至輾轉訪求，或者登報徵覓的也很多，其吸引力的偉大，可想而知了。這本書開首即說「天下第一樂事，莫過於雪夜閉門讀禁書」兩句，又他序文前段引用怪傑金聖歎批《西廂》的口氣說，「這部《性史》不是淫書，若有人說他是淫書，此人後日定墮拔舌地獄」等一篇大道理。後來這本小冊子暢銷了，旁觀的瞧得眼紅起來，就此你出版一冊《新詩》（諧《性史》），他發行一本《性藝》，最盛時代，這類書籍倒有十幾種之多。後來當局一聲令下，諭飭查禁，才風流雲散，不敢公然出賣。

張先生本是一位大學教授，又是哲學博士，不去研究教育和哲學，卻平空地去推闡「性」學。他的思想行為和尋常人劃然不同，故社會上群呼張博士為「怪博士」。

燒頭香

目下雖說是色色維新的時代，可是燒香拜佛的迷信卻還不能革除，逢到什麼菩薩誕日和舊曆朔望，一班善男信女到各廟去燒香拜佛，還是很多。南京路的保安司徒廟（俗呼「虹廟」）、城內的城隍廟、鐵大橋堍下的天妃宮，這三處的燒香人最多（現下天妃宮已改作黨部和學校，羽士已逐出，偶像也焚毀，這一處的香煙早已絕跡）。

到了舊曆元旦，又有所謂「燒頭香」的可笑舉動。什麼叫「燒頭香」呢？就是這天第一人跨進廟內去拈香膜拜。他們以為燒著了頭香，菩薩老爺必鑒其虔誠，大施福澤，這一年定有發財降福的希望。後來燒頭香、求福澤的人越弄越多，你也搶先，他也提早，竟有到除夕晚上九、十點鐘光景，他們已經去燒香。頭香燒著了，必歡天喜地的回來，可以過它一年做夢似的快活光陰。

燕子窠命名之釋義

現在華、租各界，私賣燈吃、供人吸煙之處，名曰燕子窠。這三個字的意義，恐一般嗜好同志都不能解釋得出罷？從前煙禁令下、煙館初閉、煙膏店未停的時代，有一種公司煙間乘時產生。怎樣叫做「公司煙間」呢？就是只備燈槍，不備煙膏，吸煙人自己備好了煙膏到公司煙間去吞雲吐霧，和在煙館內吸食相同。做老闆的別無利益，只貪圖煙客吸剩的煙灰，藉以謀利。而煙客帶煙進去，如燕子銜泥狀；更且吸煙地方，室小人眾，煙客大都對面直躺，又如燕子在窠中偃息時彷彿，故以「燕子窠」三字喚之。到了目今，不但上海一隅如是稱呼，即江、浙內地各處私設煙館、供人燈吃的地方，也都是叫作燕子窠。不過現在的燕子窠備好臥榻燈槍，煮好大土、小土，供人隨意吸食，十分便當，嗜好同志更不消自己帶煙進去，和初創燕子窠的時代又有些不同了。

廣東人的迷信

江、浙兩省人民的確是很崇拜迷信，已為全國所稱道，但是廣東人的迷信程度卻也很高。你瞧，南京路之虹廟、城內之城隍廟和各處著名的廟宇，到了舊曆朔望及元旦，他們都攜妻挈子，畢恭畢敬的前來拈香祝禱的，很多很多。就是「瞎子大亨」吳鑒光的裝神弄鬼、撞鐘擊鼓的把戲，他的老主顧也要算粵幫為最多。

廣東人對於地主老爺也很崇拜。他們家家屋裡的壁角落邊或檯子底下，都貼著紅紙一張，大書「福德地主神位」字樣，天天早晚焚香祝禱，常年如是。每逢初二、十六，還要豬頭三牲、紅燭高燒的叩頭敬神，他們的口號叫做「燒路頭」。這種迷信只有粵幫是有的，其非廣東人很少奉行。

拉風

二十年前電氣風扇還未風行時代，到了夏天，商鋪中如綢緞店、剃頭店、酒菜店以及戲園中的包廂等，都臨時裝上幾面白竹布做成長方形的風扇，扇端繫了長繩，由人牽動，涼風即習習而生，此種土製風扇，名叫「拉風」。考究些的，竹布上面也塗著書畫。稍微體面的人家，也都裝置一面或數面。等到電氣風扇盛行以後，此項拉風就歸於天然的消滅了（據說內地未有電氣事業的所在，現在仍有裝置拉風者）。

打醮

每年至舊曆六、七月間，打醮（太平公醮，亦即盂蘭勝會）之舉竟風起雲湧，普遍了全上海，迄未革除。至他們打醮的意義，說道賑濟孤魂野鬼和常保平安康泰。但當此科學昌明時代，作這種可鄙舉動，足見人們之太無意識了。

打醮有獨打的，有合作的。獨打即自己獨自出資，不費他人分文。合作即一里之內、一路之間，挨家逐戶，共同出資。事先有人持了捐簿逐家勸捐，付款以後，門上貼了一條黃紙，上寫「太平公醮樂助幾元」，作為標幟。到打醮的那天，用長草繩繫滿著錠帛冥衣之屬沿門懸掛，這不知又是什麼玩意。醮時，先在高臺上誦經；經完再舉行雜耍，閭里婦孺群往圍觀；等到雜耍完了，然後焚錫箔、化冥衣，一場醮事就算完結。不過他們很鄭重地舉行打醮，為的是賑濟孤魂野鬼，雖屬迷信，情還可原，為什麼又要夾入一班雜耍，嘻嘻哈哈鬧個不了？且扮演人浪語淫聲，醜態百出，如此怪像是媚鬼呢，抑逗人呢？吾不可解。

各巡捕房附屬之救火會，也每年舉行打醮，且於三天前懸旗示眾，名曰「飄紅」。

據說，西人方面曾經目睹過赤老（即鬼），故也樂為贊成。

不守時

滬人有一種壞脾氣，逢到開會或赴宴等事，常常不守時刻。例如二點鐘開會、六點鐘聚餐，倘使應時而往，不但無一來賓，而具名相請的主要人和折柬相邀的主人翁也都蹤影全無，遲遲未到，必要挨延許久，才姍姍而來。這種怪像已成為社會上普遍的惡習慣，故計時之鐘錶雖家家齊備、人人都有，不過當作一件時髦的裝飾品，不作守時刻用的東西。

而且不僅開會或赴宴如是，他若親友邀約、赴行辦公，也都不能遵守訂定時刻。故八年前，特由負資望的中西人士想出了一種救濟辦法，乃將時鐘撥快一小時，每個時鐘上面加一紅長針作為標記。首行拔快者，為外灘江海關之大鐘，就此群起效尤，都依照海關施行，每逢開會等事，必書明新鐘幾點（譬如下午新鐘二時，實則只下午一時）。後來鐘雖拔快，而不守時的惡習慣依然不能打破，徒滋紛擾，故未滿半年，這個新鐘制度也就無形的取消了。

市虎

在那電桿木上，常常可以瞧見「馬路如虎口，當中不可走」的警告紙，可是「市虎」（即汽車）殺人的慘聞依然不斷地發生。在遇禍之人，血肉橫飛，傷脛斷腿，寶貴生命歿於俄頃，自然是不幸極了；而在汽車夫方面，又往往說道倒楣者自己不小心，於人何尤？不過平心而論，汽車和傷者、逝者應彼此各任其咎，才是平情之道。

各馬路上兩邊水門汀路為人行道，專為人們步行而設。穿過馬路，既有紅綠燈示眾，又有警捕指揮，如人們能依此而徐行慢步，自少意外橫禍。奈有不經意人常常喜歡在馬路當中踱方步，穿過馬路也不依照紅綠燈之變換和警捕的指揮，急急地衝過去。逢到汽車疾駛而過，不及剎車，往往肇事，其原因都屬於此。

惟有在冷僻轉彎抹角地方，汽車忽倏地衝出來且不揿喇叭警告，致發生慘劇者，也常有所聞。這種責任，理應歸汽車夫獨負。

總之，在「市虎」繁多處步行，人們須處處留神，實行「馬路如虎口，當中不可走」的警告，才少送掉幾條寶貴的生命。最近據公共租界工部局報告，過去的一年中（即民國二十年），因車馬肇禍而死亡的人數共達一百三十三人，受傷的人數共達四千三百多人。這個統計，豈非駭人聽聞嗎？然此不過公共租界一隅而言，還有法租界和華界方面卻不在內。倘一一統計起來，其死亡率和受傷的人數斷斷不止此數。又車輛殺人，更不限於汽車，而電車、馬車也會肇禍。

紅綠燈

滬市為通商要地，中外畢集，馬路上一天到晚的各種車輛竟至魚貫不絕，擁擠萬分，故在各衝要路口，派遣中、印巡捕持棍指揮車輛和行人，以免疏失。後來因最熱鬧路口專靠巡捕指揮猶恐不周，特裝設紅、綠電燈各一具，由一捕專司其職。譬如車輛和行人欲穿過馬路，用綠燈示之；如係紅燈，不許穿過，只可直行。每天從上午六點起，晚上十二點止，為紅、綠燈互轉時期；十二點後，紅、綠燈也都熄了，因此時行人和車輛較少，不至再發生意外之事。

這紅、綠燈的裝置，聞各國各大都會久已施行，而在滬上裝用，不過四、五年的時候。

名人與花柳

海上為淫風最盛地方，賣性的婦女滔滔皆是，歡喜獵豔的很容易患花柳病，而花柳醫院和花柳醫生因此也最多。它們因欲生意興隆，不惜犧牲巨大的金錢，在各報上登載很使人觸目的廣告，引起病人的注意，而且廣告後面必列著幾位海上名人具名介紹。它們的意思無非炫耀自己醫術之高妙，故許多名人樂於替它揄揚。

不過吾有點不懂，豈所謂名人也者個個患過花柳病，經過這位醫生治好的，以故代替介紹，聊圖報德？如非患過花柳病，是這班醫生所冒竊的，為什麼不聲明一聲，情願被他們利用呢？

此地不准小便

街頭弄口的牆角上，多印著中、英文合璧布告道「此地不准小便，如違送捕究辦」字樣，但是要小便者依舊在此小便，並不因有此布告而不便。本來，隨地溲溺，糞汁滿地，臭氣觸鼻，實屬有礙公眾衛生，稍知自重的也不願明知故犯。但是地面上公廁太少，人們偶因便急，沒法找到公廁所在，只得隨地的便一便了。

有些地方，特為畫著一隻烏龜，並題了幾句俗不可耐的歪詩，以示警告人們不准在此亂便。不過越是在烏龜底下，小便的人越是來得多，要想拿烏龜來嚇人，反而失掉其效用。總之，便急的人並非故意要違章，實因急切找不到便之所在，只好不得已而便一便了。

打樣

建築房屋之先，須先打樣（即房屋之圖案）送呈當局，請求核奪，核准之後才可興工建造。在建造期間，當局常派有職員前來查看工程。倘建造手續和打樣不符合及偷工改料等弊，一經查出，立令拆卸重建，絲毫不許含混。倘關於公眾來往地方的戲院、遊戲場、旅館等建築，更特別注意，因公眾生命寄託所在，不得不格外鄭重。

此項核奪機關，公共租界在工部局，華界在土地局，法租界在公董局，他們都派有專員專司其事。

還有各商店每天收市，也叫「打烊」。「打烊」和「打樣」，音似同而意義大不相同。

拋沙擲泥

婦女們乘坐人力車在路上經過，常有頑童和不道德者拋沙擲泥以取笑樂，更有用小洋釘、碎玻璃亂擲者。等到停車責問，若輩早已遠揚無蹤。也有站在陽臺上面，伺隙拋擲。這種惡作劇的無賴舉動，小則污人衣服，大則傷及頭目和流血慘事，殊為可惡。頑童無知識，情還可原；成人之徒也如此的輕佻胡為，實屬罪不可恕。

從前每逢舊曆元旦，娼妓和人家婦女都打扮得花枝招展，坐了車子兜喜神方，遊四馬路。一般無賴購好金錢炮，在各茶館的陽臺上啜茗等候，瞧見車輛經過，他們就取出法寶，任意拋擲，劈拍聲浪響徹雲霄，擲中婦女面孔則拍手狂笑，以表勝利之意。後來租界當局一再嚴予取締，此風方才消滅。這種無意義的輕佻行為，和頑童的拋沙擲泥，其罪相等。

搭客要找保證

自從前年行駛長江外海各洋商輪船常有匪類扮充搭客混入，駛至中途，忽各執兇器肆行搜劫，搶完了，乘預先約好的盜黨小輪，呼嘯逸去。船主吃了這個虧後，為防微杜漸計，實行一種搭客保證的辦法：搭客到船局去購票時，先給你一份空白保單，照單填好，並須殷實鋪保負責蓋印，才許你登輪。倘使途中發生意外，須令保人賠償損失銀二千兩。輪船到達目的地平安無事，此保證才作廢。保單格式如下：

立保證人××號，今保到××年××歲，××省××縣人，職業××，今搭某日××輪船往某處，所帶行李內或身上如有挾帶軍火、煙土或違禁品等被海關或其他官廳查出，或本人途中有干連任何強搶、盜劫之舉，保證人自願一概承認賠償二千兩為止。恐口說無憑，立此保證存照。

立保證人簽押

保證人住址

自施行這個搭客保證後，在輪船上雖可平安無事，而在搭客方面頗多麻煩。倘使正當良民欲趁輪船，找不到殷實鋪保，只好望洋興嘆，不能出門，這是多麼的不便！近聞外商各公司早已實行此搭客保證，僅招商局還未施行。

大舞臺對過

在下層社會裡或婦孺口中，常有一句口頭禪，叫作「大舞臺對過」。這句俗話，不知道內幕的人往往莫名其妙，其實是一句腰斬過的表白話。因為大舞臺戲園對過開著兩爿糖果店，比屋而居，招牌都題「文魁齋」，且每家店門前懸著一塊市招，正面畫了一隻大烏龜，旁書「如有假冒者是此物」。那隻大烏龜底下，還有「天曉得」三個字，兩家市招均書畫一樣。它們的意思，欲表明吾們是首創老店，其他都是假冒。不過兩爿文魁齋，都自己說它人假冒，究竟那一家是假冒，那一家不是假冒，實在使人莫名其究竟，只好歸之於天曉得了。

譬如有一樁事，冤枉了某甲，某甲竭力辯白，末了更說一聲「天曉得」。甲的意思是說這樁冤枉，人們都被蒙蔽，只有天老爺曉得（曉得即知道之意），故有「天曉得」之說法。後來索性不說「天曉得」，改說「大舞臺對過」，豈不成了一句腰斬過的土話嗎？但是初到上海的民眾和不知社會情形的人們，聽了「大舞臺對過」一句土話，都會如墮入五里霧中，瞠目不知其出典。

這麼一來，無形中倒代替兩爿文魁齋做了不少的宣傳功夫，因說起「大舞臺對過」，就會聯想到文魁齋去，而文魁齋方面也得了不出代價的無數宣傳員。

馬路政客

社會上有一種人，問問他們的職業，非士、非農、非工、非商。既非士農工商，究竟是做那一項職業呢？他們的職業，乃是跳出尋常職業以外的一種特別新職業，名叫「吃團體飯」。

吾國人民向來如一盤散沙，如果有人結成團體，原是一樁極好的事情。不過這般人所組織的團體，並不是為著國家和社會著想，純為自己撈錢出風頭計、為做官發財計。因此他們團體的名目雖很好聽，問問他們所在地，只有亭子樓一間，或灶披間一方，他們辦事的人物也只有三數人而已。

他們的拿手本領，唯「鑽頭覓縫，信口開河」八個字，為他們不二的秘訣。瞧瞧他們的外表，交際是很廣闊，衣服是很華麗，口才是很擅長，與人談話充滿了仁義禮智信。故沒有拆穿西洋鏡以前，固然是一位熱心愛國的好男兒；倘使拆開來一說，他們的熱心……愛國，都是為著自己吃飯……撈錢。

逢到國家有災難，政治有劇變的當口，他們必謅成很長的快郵代電或什麼宣言，送到各報館去，要求登載，館方一經披露，他們已如願以償。至於電文中的各種主張，請問那一樁能夠辦到，那一項能夠實行，都如癡人說夢，空言欺人罷了。

現在吃團體飯的活動份子，少說些也有好幾千人。他們的目標，不但是騙碗飯吃，一天時來運來，還可以發財……再可以做官。

他們天天挾著一隻大皮包，忙忙碌碌的東奔西跑，趕做他的特別新職業，因此人們都尊他一聲「馬路政客」。

歐化

現在一般摩登的青年和有錢的富翁，不但對於衣、食、住、行都崇尚歐化，即如起居一切、語言動作，也都仿效西式。如衣非西裝不著，食非大菜不快，住非洋房不樂，行非汽車不走，還有屋裡的裝飾、身上的穿戴，都統統西式是求。叫起人來，滿口「密斯忒」、「密斯」；寫中國字，必喜橫寫；吃食水果，也要吃外國貨；生病吃藥，也要購外國藥；連斷了氣直了腳，也要瞓一口外國的玻璃棺材，才覺心滿意足。

在他們的心目中，中國的東西樣樣是不好，中國的習慣又樣樣是腐敗，要做時髦人，非式式學步歐化，不能算頭等漂亮人物。

有人說道，這班新人物抱有大志願，他們恐中國滅亡以後求不到立腳地，故預先歐化起來，以後可與外國人同化，免受亡國的苦楚。吾道這條妙計好是好的，可惜你的頭髮不金黃，鼻子不高聳，眼睛不深陷，皮膚不白色，將來你雖滿口的「也斯」長、「也斯」短，因為你的尊容如故，決不錯認你是外國種。國亡以後，依然要受亡國奴之非人生活，到了那時，這條妙計豈非等於白費心思嗎？

小鬼

上海灘上，赤老（即鬼之代名詞）真多，因為常常聽見人們罵起人來，總是「赤老」長、「赤老」短，這個罵鬼的聲浪，早已普遍社會。且「赤老」上面，大都加一「小」字，意者做了「赤老」，當然要列入「小」字之列，不登「大」雅之堂了。

從前娼門中有一句口頭禪，叫作「禮拜六，洋行小鬼叫出局」。到了禮拜六夜裡，一班吃洋行飯的人胡天胡地去玩娼和叫局，故有此一句口號。等到銀行盛行以後，更多一班吃銀行飯的人去白相堂子，故又叫「禮拜六，銀行小鬼叫出局」。她們背後罵人「小鬼」（滬音讀居，北音讀管），大約指洋行和銀行的客人體魄矮小之故。不過吃洋行銀行飯的人，未必見得個個是侏儒一流，她們稱「小鬼」也者，或許含有輕褻之意。據作者意思，人們罵人曰「小鬼」或「小赤老」者，不外乎兩種原因，一指體魄矮小，一含侮辱之意。

在常人口中，倘使對人罵了一聲「小鬼」，勢必要起衝突，或者要釀成動武活劇。

如果這一句罵詞，出於摩登女子或娼門姑娘櫻口中，被罵的人不但絲毫不怒，反而覺得有無上恩寵，遍體鬆快，更有嗔怪美人不多罵幾聲「小鬼」，使他尊骨多輕鬆一回。

棺材店裡的鬼戲

每逢舊曆朔望，棺材店裡老闆照例有祭棺之舉。到了那天，他們開了後門，將一口棺材倒屁股的豎起來放在後門口，燃點著香燭，焚化了紙錠，就算完事。他們的意思，希望將棺材顛倒豎起來，明天會有生意到門（倒、到同音）。

到了除夕那天，他們又有什麼祭材神舉動，除點香燭、焚紙錠外，還有一副豬頭三牲。老闆也衣冠楚楚的一跪三叩首，等到叩頭完了，再用一柄破掃帚，叫匠工在每口空棺材上狠命的抽擊一下，並喃喃說道：「你如有靈，請你快快的出去。」意思就要明歲大年初一，就有一批好主顧到門來買一空。請問他的存心怎樣？這就是他們的鬼戲。

茶館

從前南京路、福州路、廣東路三塊地方的大茶館很多，並且有廣式、蘇式、本地式等種種的分別。到了現在，昔稱最多地方的茶館，早已關的關、歇的歇，目今所存者已無多了。

十幾年前最著名的廣式茶館，如同安、易安、全安、福安、怡芳、同芳也都一律停業。還有一家牌子很老的五龍日升樓，也因生意清淡，自動的收歇。日升樓地處南京路、浙江路、湖北路之間，為五路銜接要道，開茶館的老闆題了「五龍」，卻還名副其實。最近在日升樓遺址，新開設一家方壺酒廬。茶館變為酒館，有茶癖的人們過此，只好望茶興歎了。

最近方壺酒廬也關了門，改開一爿廣式酒館。

上海老茶館

吃包茶

吃包茶者，每天在固定的時間裡，必到一家茶館去茗飲。這種朋友，都屬於工友和掮客為多，他們人數既眾，每天必去，故以吃包茶來得合算。

吃包茶怎樣吃法？預先在一家茶館某堂口內，認定一隻檯子（也有認定困榻的），並認定每天泡幾壺，約在什麼時候必到，以及每月茶資若干、小帳多少。接洽妥當後，每天到時，堂倌必先將茶壺、茶杯放在臺中以作標識，等包客來吃。老上海人跑到茶館裡去，看見茶臺上放著一堆茶壺杯，雖闃無一人，也不去坐。倘你不知其故，要在這臺上吃茶，堂倌必婉為拒絕。

從前大煙間公開時候，也有吃板燈之舉，即煙客預定天天到這隻榻上去開燈吃煙，名叫「吃板燈」，和茶館裡面吃包茶，是同一的意思。

小帳分文不取

各茶館的價牌上，大都標明：「早茶每壺若干文，午茶每壺若干文，小帳分文不取。倘使強索，告明帳房，立即斥退。」寫來如此明明白白，一若真真分文不取者。考之事實，又大大不然。堂倌收資時，必於額定外要加收二、三十文，或五、六十文不等，才放你走出。倘使你照價牌上給資，他必一百個不願意，並說還要叨光小帳，這個惡例可稱全上海的茶館都是一樣。

「小帳分文不取」的效力既等於零，不如索性改寫「小帳隨客酌給」那就好了，更可免除茶客付給茶資時多加一番麻煩和爭吵。

堂彩以外之堂彩

什麼叫「堂彩」？就是小帳的代名詞。人們到了酒菜館、宵夜館和雜賣店去飲食，例如正項共計九塊錢，他開起賬來，另加一成堂彩一塊。照例九塊錢加一，只九角足了，然而他們都算一塊的，共計十塊，臨別時還要叨光小小帳一塊（洋涇浜英語呼「客姆賞」）。故而未付小小帳之先，他們格外來得巴結，大獻殷勤，其目的只在金錢而已。如此算來，豈非食去九塊錢數目，小帳和小小帳倒要費掉兩塊錢呢？此之謂堂彩以外的堂彩。

據說這種小小帳的開始，從前本不大通行，後來有了一班闊客和公子哥兒，視金錢如泥土，自謂請客應酬哪肯惜錢。開始之後，到今已成為慣例了，至於大闊老付給小小帳時，加四、加五的濫給也有，不過這是一種例外。

送元寶

每年到了舊曆十二月初一至三十日止，浴室和茶館例有送元寶之舉（即是打抽風），對於老主顧則一律送的。用青果（即橄攬）十餘枚、橘子二三隻，裝入小黃籃及小蒲包裡，拎至主顧前說道：「請用元寶」。末了，至少須另給大洋一元，或二元、五元，才稱謝不已。倘使僅給幾角小洋，他們謝也不謝，勉強收去。現在有幾家浴室，已不用黃籃蒲包，只將青果、橘子攏入磁盆裡，惟茶館裡仍多用黃籃蒲包者。別種商店對於常年老主顧，到了年底只有客氣對待，而浴室和茶館反欲在老主顧前大打其抽風，真不可索解。

又至舊曆年底與新年前後十天，各浴室浴資每客加倍收取，其他擦背、扡腳、剪髮也一律加倍。茶館只新年五天加倍收資，名曰「元寶茶」。

前歲黃楚九在世時，以所開之溫泉浴室乃打破此惡例，特登報聲明，取消打抽風和前後十天加倍收費。同行中雖多側目，而在主顧方面則多樂道了。

現在有幾家仿效溫泉，也不送元寶，更有前後十天並不加價，照平常一樣，不過是少數而已。

看熱鬧

上海的人們，最歡喜是看熱鬧，尤其是下層民眾更看得起勁。像某公館出喪哪、某廟賽會哪、某處火警哪，都能哄動不少的男男女女丟了正事不幹，聚集了許多人前去看他一看，才覺心滿意足。有時候碰到馬路上巡捕捉小癟三，隔壁人家夫妻倆爭吵，也會哄動一群人去瞧瞧。他們看熱鬧的興致的確很濃厚而有味，在旁人看來實在是無聊得很。

抄把子很容易發生不幸的事。碰著歹人在內，不服檢查，就要砰砰碰碰的開槍，這是何等地危險？在理應趨避不遑，而歡喜看熱鬧的人們，每逢檢查，大家也會哄上來瞧一個飽。不過遇著觸霉頭時候，沒有眼珠的流彈飛到你身上來，就會發生極大的危險。這叫做活著不耐煩，自己去送死，真是何苦！

無意識

「天皇皇，地皇皇，吾家有個小兒郎，路過君子念一遍，一呼睏到大天光」和「出賣重傷風，一見就成功」。這種玩意，在那牆壁上或小便處，是常常可以瞧見的。

小孩夜間啼哭和人們患了感冒，應用正當的手續來制止和醫治，那有寫了幾句俗不可耐的字條兒貼在牆壁上，就可以如願以償嗎？這種一廂情願的辦法，適足證明無聊而又無意識，而人們知識的幼稚，這麼一來，也就暴露無遺了。

醫院

各馬路上的什麼醫院什麼醫院，竟至觸目皆是，其多如鯽。它的數量額，雖然不及剃頭店、煙紙店那麼多，如果要統計一下，也著實不少咧！

其實要稱到醫院，須有廣大的房子、完備的器具、各科的醫師和受過訓練的看護士與看護婦，如仁濟醫院、同仁醫院、廣慈醫院、紅十字會醫院、廣仁醫院、寶隆醫院、上海醫院等等，才可稱得起醫院兩字。

可笑現在各馬路上的醫院，只租借店面一小間（至多也不過租借市房二三幢），也掛起醫院牌子來。它的招牌上面，居然能說統治百病，不論內外花柳、險症重病都可治療。其實它的內容，只有一個全知全能的醫師，一天到晚串著獨腳戲；至於設備方面，既無病房又沒看護，至多不過僱一助手和一僕役而已。

它們的業務雖稱統治百病，其實卻注重花柳一門。上門看病的主顧，大半屬於花柳一類，對於病人，往往打上一針六零六、給付一些解毒藥，就算完事。其他險症和重病，決不請教它們的，即使有之，它們也只好敬謝不敏了。

依事實而論，這種小組織，只可稱一聲某某治療所或某某診所已經夠了，何必要大言不慚地自稱醫院呢？

基督教

基督教包括天主教、耶穌教、希臘教三種，該教宗旨以博愛和救人相號召。其實一究其真相，完全是帝國主義侵略中國和麻醉青年的開路先鋒。基督信徒一再詆諆國人迷信神權及崇拜偶像，而他們迷信基督，也和國人崇拜偶像，其心理初無二致。不過他們迷信一神，可稱寡神教，國人崇拜偶像是迷信多神，可稱多神教罷了。

耶穌教多以英、美兩國人為主人翁，天主教以法國人為主腦人。言其勢力，天主教較耶穌教為雄厚。試觀徐家匯一地，教堂之偉麗、

馬相伯

財產之眾多、信徒之繁夥而團結，已可見一斑。他若內地各城市各鄉鎮，多有十字高聳之天主堂，耶穌堂比較則少。更有只租借民房若干間作為傳教講道之所，天主教則無此簡陋。

耶穌教中多有什麼會的分別，如倫敦會、聖公會、監理會、長老會、浸禮會等等，天主教則無之。

最近九四老人馬相伯先生演講〈我國積弱的原因〉一篇，說起帝國主義宗教侵略的煽惑，極為沉痛。茲轉載如下：

我們有一部分人，已知道基督教是帝國主義侵略中國的先遣隊。因為他們借了宣傳宗教為名，任意深入內地，以迷信神權最深的中國人，那有不被他們用深刻的手段感化了盲從了去呢？自庚子以後，全國沒有一處無西教的蹤跡。他們傳教的步驟，先仗帝國主義的勢力，在內地荒涼之處墾地開渠，大事拓殖，設立醫院，舉辦學校，信徒求醫、求學者，一概免費。在內地有了這兩大利器，焉能不受人歡迎？於是信徒日增，但見十字架直立空中的教堂廣廈連阡，教堂所在樹木參天，道路平坦，周圍花草鮮豔奪目。以枯澀未開通的中國內地，有此靈境，人民焉能不樂而從之？這西人魄力之大，無出其右。內地愚民一經迷信，終日祈禱，開口上帝，閉口天主、耶穌、瑪利亞，不絕於口。一切思想喧然迷信化，不求努力進步，國家大勢情形更其置諸度外。因為他們只有上帝，而無上帝以外的一切。這種被帝國主義宗教侵略包圍下的人民，身為中國國民，只不過一條條的蠹蟲罷了。而且西教在中國土地物質的佔有，據最近調查所知，共侵土地八千七百萬萬六千萬方畝，物質上的財產一萬四千萬三千萬萬元，數目之大，簡直令人驚駭呀！

人們看了馬老先生這篇報告，當知各帝國主義傳教之深意了。況且馬老先生是一位天主教的信徒，故能深悉教裡的情形，而作此摘奸發覆、極沉痛的報告，更值得人們的注意。

前清之季，因教案釀成意外大禍，也有多起，結果不是喪失國土，定是賠償鉅款。創巨痛深的跡象，直到如今還留存著吾們的腦海裡。唉！

大報最盛時代

上海為輿論的中心，久已譽馳全國，且各大埠之辦報人均觀摩於上海報紙。但是到了現在，出版報紙之數量逐漸減削，至今日僅有《申》、《新聞》、《時》、《民》、《晨》六大報而已。比較民元時代，已數量大減。民元時之著名大報，除《申》、《新聞》、《時》、《時事》外，還有《天鐸》、《民立》、《太平洋》、《中外》、《民權》、《中華民》、《啟民愛國》、《神州》等八家，合之《申》、《新》等報，共達十四家之多，比較現下已減去大半。故追論上海大報全盛時代，當推民國紀元時為首屈一指（還有錢芥塵主辦之《大共和報》、谷鐘秀主辦之《中華新報》、章保世主辦之《民強報》，均民元後出版，故列於後）。

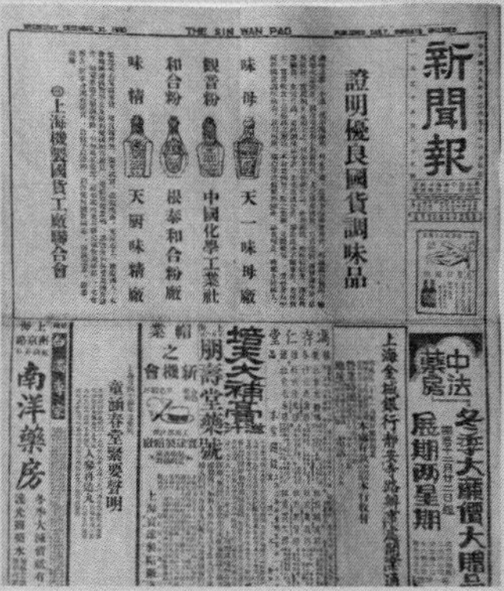
新聞報

證明優良國貨調味品

味母 天一味母廠

觀音粉 中國化學工業社

和合粉 根泰和合粉廠

味精 天廚味精廠

上海機製國貨工廠聯合會

南洋藥房

中法藥房

冬季大減價

展期兩星期

上海《新聞報》

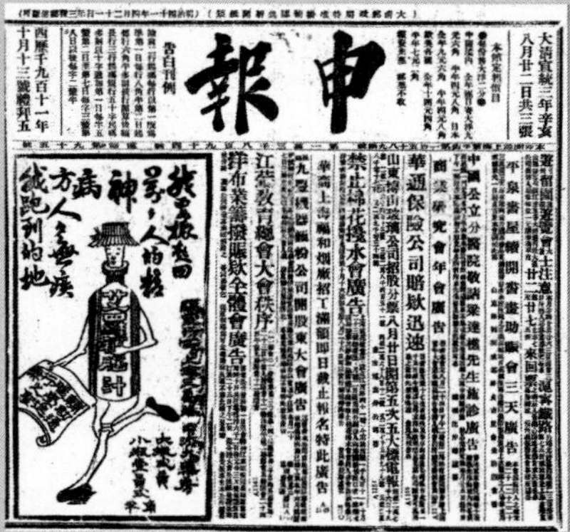
申報

大清宣統三年辛亥 八月廿二日 共三張

西曆千九百十一年 十月十三號 禮拜五

華通保險公司賠款迅速

禁止棉花攙水會廣告

江蘇教育總會大會秩序

《申報》

各報社評之變遷

從前各大報第一張第一篇，必揭載一社評（亦有稱「社論」、「社說」者）。曾憶周浩主編之《民權報》，每天長篇社評，多至三四篇以上。後來不知何故，《申》、《新》、《時》各報，都將社評一欄取消，改刊簡括之短評。至短評體裁，聞係陳冷血、包天笑任《時報》編輯時，最先發明。第一張稱「時評一」，第二張稱「時評二」，第三張稱「時評三」，惟仍不廢社論。等到《申》、《新》各報廢除社論，改為短評時，每天亦刊三評之多，如《時報》然。近年以來，第二、第三兩張短評久已撤銷，僅第一張刊一短評而已，《時報》則完全廢除久矣。吾友畢公天說：「報紙之有評論，如人之有口。今評論之體裁廢除，改為短評，宛如人口之已達不健全、不能暢所欲言的狀態，或謂各報之僅留一短評，或完全取消，實具有不得已的苦衷。因言者雖無罪，動輒則得咎，反不如效金人之三緘其口，亦穩健免禍之意。近下惟天津各著名大報，第一張仍舊刊登長篇社論，且有敢言之譽。故最近胡適之氏批評全國報紙的精采，以天津為冠首，北平第二，而負有輿論中心點之上海反列入三等。唉！吾為之羞。」

到了「九一八」國難以後，《申》、《新》各報，才將短評取消，改刊千字上下的論說。因為國難當口，欲有所申述、有所獻替，寥寥一二百字的短評實在不能盡言，故都改為適中的社論。

報界四金剛之凋零

《申報》史量才、《新聞報》汪漢溪、《時報》狄楚青、《新申報》席子佩等四人，夙有上海報界「四大金剛」之譽。論其地位和學識，雖各各不同，而蜚聲報界則都不約而同。今汪漢溪先生久已物故，狄楚青先生也早已將《時報》讓渡給金山黃伯惠，席子佩先生初創《新申報》時代烈烈轟轟，頗露鋒芒，後因虧蝕不支，就完全脫離關係，回歸青浦原籍休養，新近也故世了。說起現在報界的「四大金剛」，只有史量才先生一人，且史先生對於《申報》各事不大顧問，完全委託張竹平氏經理。以今例昔，使人不禁興凋零之感。

野金剛

嘉興錢須彌（芥塵）先生在報界的資格很老，交際也很靈活，民二在福州路辦過《大共和日報》，前幾年又接辦畢倚虹之《上海畫報》，在天津更辦過《華北新聞》，在遼寧辦過《新民晚報》，和朝野達官巨紳均有相當的交際。今《大共和》與《華北新聞》久已停刊，很有成績的《新民晚報》也讓給趙雨時先生，而他老人家在報界的資望仍處重要地位，以故友人戲呼錢先生為「野金剛」（作者按：因汪漢溪、狄楚青、席子佩、史量才四人為上海報界的「四大金剛」，前面已說過，希讀者參閱罷）。

報頭下之洪憲紀元

民國四年，袁世凱忽發帝制迷夢，不惜推翻中華民國。從登極到崩逝止，雖只八十三天，而滬上各報館已大受其壓迫。起初電令薛大可（薛為洪憲六君子之一，奉袁命在上海望平街南京路口開設《亞細亞報》，專事鼓吹帝制）轉告各報館：報邊外的年月日，不准用「中華民國」字樣，須用洪憲紀元，倘不遵從，一律查禁，並按名拿辦。各報初置不理，後經薛君子威逼恫嚇，無所不至，各報不得已才將「中華民國」四字撤銷，改刊乙卯年幾月幾日，又將洪憲紀元用極小的六號字刊在報頭號數下面，初看之幾不可辨識。那時只《亞細亞報》一家，大刊洪憲紀元幾月幾日。後來蔡將軍霹靂一聲在雲南起義，洪憲的活劇消滅，各報館才得恢復原狀。今日追思，還有餘痛。

汪漢溪大捧林黛玉

已故老名妓林黛玉，夙有「金剛」之譽。由娼而伶，由伶而妓，並一再從良，一再出山，統計一生不下二十多次。曾記民國七年黛玉最後懸牌為妓時，前《新聞報》總理汪漢溪先生捧之頗力，並送登一條封面廣告，大書特書曰「瀟湘館主老林黛玉重行出山弦歌應徵」十六字，極為看報人所注意。因為上海妓院向來不登大小各報廣告，經汪先生這麼一捧，老林的淫業的確借光不少。

十五年前之小報

十幾年前的小報，全上海統計之，不滿十種而已。那時間的小報內容，只刊些遊戲文章、滑稽專電、戲館新聞和幾條刻板式的花叢消息、幾則頌揚式的戲劇評語，且都用四號字排刊，材料極為簡單，不過是天天出版的，篇幅也是直四開，和現在流行底小報一樣。那時印刷，除用鉛字付印外，也有用石印印刷的。

後來名記者余大雄氏首先發行了一種《晶報》三日刊（初發行時之《晶報》附在《神州報》贈送，後來《神州報》停刊後，《晶報》才獨立發行，直到現在），很受社會上歡迎。等到三日刊之小報盛行後，而從前天天出刊的舊式小報就此陸續淘汰盡淨，現下這種刊物久已蹤影全無了。

現在流行之小報

三日刊之小報風行以來，迄今已有七、八年的光景，但是中間也有過不少地變化，如五年前駱無涯氏首創了一種橫四開的刊物《荒唐世界》，專載嫖賭吃玩等荒唐事務，很能風行一時。後來什麼「世界」……多至不可計算，當時讀報的人們，目謂「世界化」。

又不多幾時，康駝背氏也發行一種橫式小報，題名《牽絲攀藤》。這四個字本上海社會上一句俗話，是表明糾葛不清的意思，出版以後竟能哄動一時，幾有打倒《晶報》之勢。投機的人瞧得眼紅，於是你出一張《瞎三話四》，我出一張《阿要氣數》，報名越出越離奇，文字越刊越不堪。此類刊物，名叫「俗語化」的橫報。後來因為《牽絲攀藤》報上刊了一篇〈房中術〉，期期披露，專寫性交的門檻，愈登愈齷齪，為當局所注意，將要檢舉。於是這張老牌俗語化之刊物首先自動休刊，其他各報也陸續停鑼息鼓，各各關門了。

又過去了幾時，更有一種什麼「情」什麼「情」的橫報，也崛起一時。可惜世界化和俗語化的風頭已過，大都發行不久，宣告休息。

「情」的報紙過去後，又流行過一種橫八開的刊物，報名多題什麼「常識」和什麼「祕密」，真是五花八門，不能喻其玄妙。到了目下，這「祕密」和「常識」的小報，也都沒有了。

現在流行的小報，還是直四開式。不過從最近的時候，又流行一種每天出版的小報，不過這種刊物和十幾年前的舊式小報，它的編製內容是完全不相同的。至於以後的變化怎樣，非本文範圍內事，而作者也非預言家，恕我不能報告吧。

報館街

福州路之望平街，從前人們都稱它「報館街」，因為這一條街道雖短而報館卻很多，全滬的各大報館差不多盡在於此。不過到了現在，關的關，遷的遷，所存在者只有《申報》、《晨報》、《民報》幾家。《時報》和《時事新報》早已將編輯印刷部分遷到小花園及江西路去，望平街上僅設一發行機關和編輯部分。

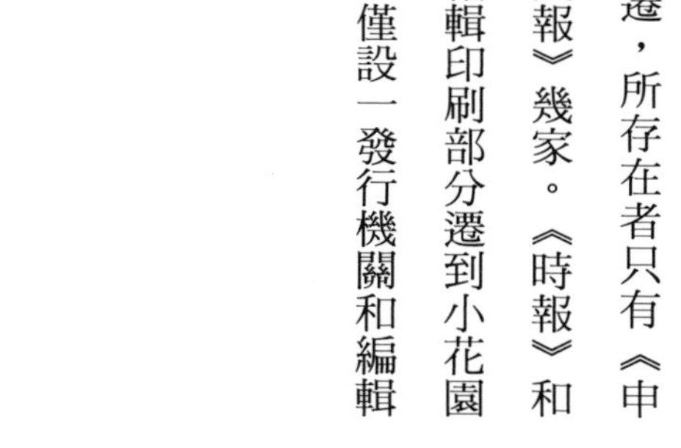

清晨報販從報館拿到報紙

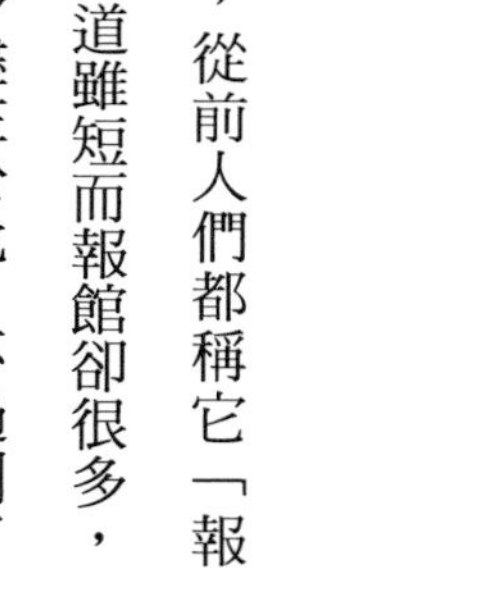

二十年代望平街

賣朝報

常常瞧見街頭巷尾，有人拿著極粗俗的石印刊物，邊賣邊喊道：「說新聞來話新聞，兩隻銅板賣一張。」更故甚其辭，大造謠言道：「八十五歲老婆婆，下嫁了一個二八青春的小白臉，燒飯司務跌倒湯罐裡；天齊廟裡老和尚，開直了廟門，紅燈花轎娶嬌妻。」一派胡言亂語，引動了知識淺薄的男男女女圍攏來，都要買一張看看。這種生意，就叫作「賣朝報」。

當、質、押

一般窮光蛋的後門（滬諺稱典當為窮人後門），大別之共分三種，曰「當」、曰「質」、曰「押」。押的規模較小，取息很重，人們一望而知。典當和質當的範圍相若，取息相同，規定的贖取期限也彷彿，然而何以有當和質的分別呢？

按照清季定制，開設典當，須到本省布政使（藩臺）衙門去具領准許營業的帖照，倘使開設質當，那就不須領帖，故有此一字的不同。

上海老當鋪

當價

從前各典當對於當價，金子和銀子的當價最高，次則衣服，再次則珠子鑽石。衣服一物，向來可有六折當價，至少可當對折。譬如一件衣服，值價十塊，可以當六塊，少些也可以當五塊。可是現在不行了，衣服只有三四折可當，女色衣服更當不起，至多可當一二折。而奇形怪狀的摩登女衣，竟有拒絕收當者。它們的意思有二層：一因銀根奇緊，不願多收進呆貨（它們稱衣服為呆貨），故將當價折低；二因衣服式樣年年改變，今年以謂時式了，到了開年已變為落伍，而於女衣式樣的改變尤快，故女衣當價尤當不高。

從前赤金市價每兩在六十多塊時，當價可當四十塊一兩。現下金價騰貴，每兩已漲到一百多塊，當價可當八十塊一兩。白銀市價每兩一塊六七角，當價可當一塊。金、銀兩項東西很為靈活，譬如今天滿期，明天就可取出來，到各銀樓交去，立可變成現洋。衣服滿期後，還要等各提莊來購去才可換現，如各提莊不來交易，這種滿期貨色就會擱起來，各典當對於衣服當價的折低，此亦一大原因。

各小押當對於衣服當價，比較大典當來得看高一些。不過押當利息重、期限短，雖說當得高，其實暗中吃虧也很多。

當幾鈿

常言道：「典當是窮人的後門。」這句話的確不錯，因為無產階級的窮百姓進款有限，不夠所出，常常要鬧窮，碰著急迫的當口，只有當當頭一路可應急需。

窮人跑進典當門去質錢，坐在上面的朝奉先生豎起一副晚爺式的面孔，將東西翻了一翻、看了一看後，才大聲問道：「當幾鈿？」這句問話雖是朝奉對待當戶的客氣話，其實朝奉心中，翻看東西後早已有著數目，不過假客氣一回罷了。譬如有一種東西，當戶要質五塊錢，朝奉先生起初說三塊，後來至多加上一塊，合成四塊，已算萬幸。當戶倘使不知趣再要嚕蘇，那朝奉先生就別轉腦袋，不來睬你了。

不過碰到大票頭的當戶去當赤金、珍珠、金剛鑽和貴重細毛皮貨，數目總在幾百塊或幾千塊之間，他們就換上一副面孔，雖不能和顏悅色殷勤招待，而討人厭的晚爺面孔忽變為一副老大哥面孔，問起話來也和婉許多，不像對待小當戶的神氣十足，大聲亂問道：「當幾鈿？」

徽駱駝

各典當所僱的店員（俗稱「朝奉」）以徽州籍最多，不但海上如此，凡各鎮各縣的典當店員也多徽人充之，故有「無徽不成典」之謠。滬人戲呼這班徽州夥友曰「徽駱駝」，不知是何用意。一說因為各典當的木櫃檯裝得特高，店員高踞其上，勢若駝背，有可望而不可攀之勢，故象其形而戲呼之。曾憶往年徽人曹夢魚發刊《駱駝畫報》三日刊，已自認「駱駝」為徽州人的專有名詞了。

押店之利率

窮人的後門，除掉典當、質當之外，還有一種小押當，又稱「押頭店」。「押頭店」的數量超出當質要多幾十倍，馬路上鱗次櫛比，大有十步一押之概。押店的組織很簡單，而對於押戶取利獨重，並不以月計而以期計，以十天為一期，每期取息三分，一個月計算之要月息九分，比較當質鋪每月以二分取息，實際上已加多至五倍。押店所定之贖取期限也短，大都是六個月為止。不過也有每期取息二分或一分，贖取期限延長至十個月或十二個月者，這種押店究屬不多咧。

兩廣地方盛行一種「餉押」。什麼叫「餉押」呢？就是兵士未得餉銀以前，暫將衣物質資應急，等到餉銀到手再去贖回。故滬上押店的主人翁，以粵、桂兩省人為最多。

借印子鈿

社會上有一種重利盤剝、掊克小民的放債，名曰「放印子鈿」。放債人從前以山西幫最多，緣山西人視錢如命，又精籌算。到了現在，除掉山西幫外，別幫也有了。譬如你借他十塊錢，他當時先扣除鞋襪費一塊，淨得九塊，又給你一個長只寸許的小摺子，分六十天還清，每天拔還兩角。到了夜間，他自來收取，在那小摺子上打一「收訖」的小戳記，六十天後債款還清，這個小摺子也就取消。譬如數目在幾十元、幾百元以外，其還債之法也照十塊的例推算。倘和債主不相熟，借款時候也要保人，也要借據，不過借據上利息一項，都寫照典起息，這是債主一方面的狡猾。

債主的兇惡和重利，如上所說已可見一斑，故於津方面稱謂「借閻王債」。不過兇惡雖兇惡，而借印子鈿者都情情願願，甘之如飴，這是什麼緣故呢？因為貸借人或做小販為業的，或在賭場中做股東的，他們今天借了十塊或一百塊，只消幾天時候就可以盈出一倍或數倍的餘利，以故對於放印子鈿的人，無異是他們的救命王菩薩。

借皮球

這個皮球，並非是學生運動用的大皮球，也非小孩玩耍的膠質小皮球，乃是社會上重利盤剝的一種隱語。譬如借債人要借一塊錢的皮球債，天天付還利息五十文；借十塊錢的，天天要還利息五百文，等到一塊錢或十塊錢的借本一次還他了，才可以作為結束，否則須天天還五十文或五百文，還到年深月久、一生一世，是永遠還不清的，如球之周而復始，沒有盡期咧。借印子債是天天連本拔還的，借皮球債是天天還利不減借本分毫的，其為重利盤剝，則又不約而同（最近《新聞報》載：南市某小販因借皮球債，負擔過重無力還本，就此尋死，可為一歎）。

一角過夜

社會上重利盤剝的債主，除掉「放印子錙」和「放皮球」外，還有一種叫作「一角過夜」的重利。譬如你借他十塊錢的債額，要每月取利一塊，而且第一個月須先扣利息。再重利的，也有二角過夜呢，其取利之重，比較一角過夜還要加多一倍。「過夜」兩字也有根據，譬如借期只有一天的時候就去還他，但是利息他們也要照一個月計算，故名「過夜」。不過現在借債和放債兩方面，都改叫「一角過洋」或「二角過洋」了。

放這種重利的人，除了國人外，還有一般印度僑民，也多備款出借。借的時候既要保人，又要署券，還要在券上蓋好手模印，手續很為鄭重。他的意思，恐防日後借債人的圖賴，故不得不如此周到和麻煩。

各銀行之鈔票

從前市面上通行的紙幣（俗呼「鈔票」），要算各外國銀行發出的最多，如滙豐、麥加利和囒華比有利、花旗、正金、臺灣等等。彼時華人一致信賴外國鈔票，對於本國銀行的鈔票反不大信任。等到洪憲一役，袁皇帝為集中現金起見，電令中國、交通兩行停止兌現。不過鈔票停了現就等於廢紙，而且要搗亂市面，搖惑人心。那時候宋漢章先生任中國銀行行長，不奉亂命，照常兌現，天天兌去數百萬塊的現洋，他仍舊措置裕如，不露絲毫竭蹶態度。不多幾天，風潮平息了，華人對於使用本國銀行鈔票的信用就此一天提高一天。到了現在，市面上行使的鈔票都是本國的，各外國銀行的鈔票反一天少一天了。追想起來，全賴宋先生的維持大功。

華商銀行發行紙幣，要推中國、交通、通商、四明四家時代最久。繼續而發行者，如中國實業、浙江興業、中南、中央、墾業、廣東、香港國民等各銀行。據說發行紙幣須先呈請政府核准，例如要發行一千萬元數量，更須籌備現金六百萬元、國家公債票四百萬元，常存庫內用為準備金，才可發行。

市面上行使的鈔票，以一元、五元、十元三種最多，其一百元和五十元的大數目鈔票很少，只有大商家和大富賈手中常有來往。一般窮小子眼中，可謂一輩子不會看見的也很多。而大數目的鈔票，各外國銀行都有發行。華商方面，只有中國、交通、通商、中南幾家而已。再有銀兩鈔票，除外國銀行統有發行外，華商銀行不過通商一家。

四明銀行從前發行過二元一張的鈔票，今也收回銷毀了。美商友華銀行發行過二十元一張的鈔票，自從友華收歇後，此項鈔票也都收回了。還有廣東銀行，也發行過一元、五元、十元的三種鈔票，後來不知怎的盡數收回，現今市面上早無廣東銀行鈔票的蹤跡。香港國民銀行的鈔票，現也陸續收回，故市面上已無該行鈔票。

十五年前還有一家殖邊銀行，發出來的鈔票很多，後來殖邊倒閉，此項行使市面上的多數鈔票就此等於廢紙，一文不值，雖藏有鈔票人組織什麼債權團，起而呼援，擾攘幾年，結果仍舊絲毫不生效力。

前年中美合組之懋業銀行也曾發行過鈔票，等到懋業收歇，所發出去的鈔票一律由清理處備價收回，且數量有限，不到幾時都已收回了，故市面上沒有受著一些影響。

浙江實業和勸業兩銀行從前也都發行過鈔票，不多幾時也一律收回。民十六，中國、交通兩銀行鑒於市面上輔幣（即角子）缺少，劣輔幣又太多，特又發行輔幣券（俗呼「角子鈔票」）以救濟之。中國分一角、兩角、五角三種，交通分一角、二角兩種，不過輔幣券以十進計算，即十角數目可換國幣一元，除去輔幣貼水之麻煩。最近中央銀行發行的輔幣券，也一律通行無阻了。又聞平、津、遼、吉等省久已發行輔幣券，更有銅元券，種類更多。

去年農工銀行也發行一元、五元、十元的鈔票，票的顏色分紅、綠兩種。

滿天飛

銀、錢兩業的票子發出在外的，約分三種：（一）本票，（二）鈔票，（三）支票。本票（俗呼「莊票」）係該業自己所發出，票面數目，小或數十兩，多至幾百幾千幾萬幾十萬兩。同行中對於某家發出之票，照例不分歧視一律收用，故有「滿天飛」之榮譽。

某莊或某行因有變故宣告停業，第一步須先清理發在外面之本票，以維同業信用；第二步才清理鈔票；至第三步，始理存戶存款。他們的意思，本票和鈔票係自己所發出，為維持同業信用計，為遵守歷來慣例計，故亟須首先清理（間有拆爛污的銀行不收回鈔票，如從前信義、殖邊等銀行，究屬少數，可作例外）。存戶係自己信用該行而去存儲，故擱在最後清理。

搶帽子與撈帽子

這搶帽子和撈帽子的玩意，並非小偷兒在電車上拋頂宮的伎倆，是交易所中投機人和經紀人一種損人利己、手快眼快的別名。什麼叫「搶帽子」呢？譬如價錢小的時候買進來，價錢一漲馬上就賣出去，並不擱在手中過夜，只不過經一經手，穩賺他幾兩銀子，這叫「搶帽子」。

做了經紀人，顧名思義，是專替投機人買進賣出，自己只賺若干傭金。但是傭金有限，不夠他們的欲壑，便使出「撈帽子」的手段來，賺了錢算自己的，虧蝕了本推在別人頭上，他們腰包中的花綠鈔票大都是從這樣多起來。所以精靈的投機朋友，雖已託了經紀人，也必須從旁監視，才免「撈帽子」的暗算。不過投機朋友精靈的少，混蛋的多，大都託了經紀人做交易，自己卻在家內吹吹大煙，叉叉麻雀，喝喝美酒，自謂意外財源就可滾滾進門。末了，意外橫財得不著，反將自己的金錢整千整萬地送進去，非弄到身敗名裂、尋死覓活不休。

金價之貴賤

歐戰時代，標金僅二百餘兩，銀樓合赤僅每兩二十二元。那時候的金價可謂廉極，以現在之金價比較，適成五與一之比例。蓋歐戰時代，各國所貯藏的金條盡行兌出，以作軍需之用，金多則價廉，理所必至。現在則不然，據說因二次歐戰已在醞釀，各國均儘量羅致赤金，不惜轉輾相求以備將來萬一之需要，故市面上赤金愈少，求過於供，以致價值日漲無已。而舶來品因金貴牽累而價亦飛漲，吾生產落後之中國，其危險遂不可以勝言了。

馬永貞與霍元甲

三十年前有山東大力士馬永貞者，來滬賣藝，扯起兩面竹布白旗，大書「腳踢黃河兩岸，拳打南北二京」十二字。據父老相傳，馬之神勇，很能壓倒儕輩，中外翕服。後來馬永貞為習俗所移，不常賣藝，專在馬販子身上濫索陋規，以達其不勞而獲之目的。譬如馬販子在北方販了一群馬匹來滬鬻售，每頭須先提出若干金孝敬馬氏。倘稍予游移，永貞以相馬為名，隨手在馬身上一拍，此馬已受內傷，不能出賣了。於是馬販子和永貞結下深仇大

霍元甲

冤，只畏馬神勇，沒法和他抵抗。後來馬販中有綽號「白蠟痢」者，素工心計，嘗在幫中當眾宣言，力稱欲除馬氏，必以計誘之才可成功。眾佩其智，公推白蠟痢相機行事。

公共租界大馬路中有一洞天茶館，為馬永貞每晨啜茗之所，寒暑無間。某日清晨，白蠟痢備好石灰屑一大包，更選就饒有膂力之同黨十餘人，各持利刃短梃，預伏梯邊。馬才登樓洗臉，白乘其不備，手拿石灰屑力擲馬面，馬正仰面嗽口，猝不及防，兩眼被石灰所迷，痛不可耐，且不能張望。此時各馬販子一齊上前，拳足交施，刀梃並擊。結果雖將一代大力士捽死，然馬販子中也被打傷多人，可謂勇矣。倘不先將馬眼眯盲，決不能致馬死命。

清末又有霍元甲者，河北人，擅內外功，膂力勝人，生平門弟子極多。嘗聞西人誚我為「東方病夫」，憤憤不平，乃南下赴滬，先在張氏味蒓園和著名歐西、日本各大力士角藝，結果都遭慘敗，霍名亦大震。是時並率同門弟子輩組織精武體育會開門授徒，以普及柔術，一洗東方病夫之恥為目的，從者甚多。會霍有恙，曾遭慘敗之某國大力士覷機會已至，以舉薦醫生為名，用重金賂某國醫生乘間下毒。霍不察，竟此殞命，聞者痛之。矮子肚裡疙瘩多，陰謀殺人本其專長，獨惜北人爽直，不能防微杜漸，以致慘遭非命，吾國國術界從此失去一健將，實為不幸之極。

馬玉山與冼冠生

粵人馬玉山擅製糖果，嚮在新嘉坡設肆經營，旋來滬上組設馬玉山糖果公司。初在南京路東首賃屋兩幢，營業殊不惡，繼乃招股而大事擴張，遷至南京路福建路相近（即今天福南貨號原址），自建層樓，高聳巍峨，外表頗壯觀。未幾又糾合滬紳，發起國民製糖公司，股本總額定為一千萬元，先招四分之一，計二百五十萬元。登報宣傳後，滬人士鑒於糖業利權之外溢年耗甚巨，又鑒於製糖一業確為最重要的實業，且需要與消耗均多，此種絕大企業，誰不贊成？於是踴躍入股者，項背相望，未期月而四分之一之二百五十萬元已告滿額。曾憶第一次假總商會開股東創立會時，擁擠一堂，後至者幾無插足地，其盛況可知。不料為時未幾，即聞董事會中各董事，因購買機器生財，大生意見，內訌其烈。後乃幾經斡旋，總算消弭於無形，然經年累月延不開辦，而所招之股本已大半消耗於烏有之鄉。等到吳淞糖廠落成，糖機購到，已無餘資開工。後再登報徵收二次股金，然覆轍匪遙，應者寥寥。犧牲二百餘萬巨金之血本，結果只存一座廠屋、幾部機器，殊為可歎！同時南京路之馬玉山糖果公司亦因營業不振，宣告閉門。馬氏溜之香港，遂一去不返，而執有每股五十元港幣之馬玉山公司股票，即等如廢紙，一文不值了。社會輿論事後群謂，糖果公司基礎未堅，過事擴張，並將股東血本半入私囊，置洋房、造花園，糜費不貲，一旦假面具揭破，周轉不靈，就此破產。至製糖公司之內幕又為複雜，書之不盡。總之帳目不清，視股東血本如同己產，任意揮霍，妄作妄為，此所以又一蹶不振，氣息奄奄了。

二、三年前，國民製糖公司各股東以血本攸關，迭假總商會召集開會，籌商補救方法。一面由工商部令行駐滬辦事處，舉行股票登記以憑清查，紛擾數月，後來仍無辦法。每股已繳十二元五角之股票，又將步馬玉山糖果公司之後淪為廢紙，豈不可恨！

罪魁禍首之馬玉山，波累幾許股東，侵蝕幾許財產，似應永居法權所不及之地，逍遙快活，揮霍無已。不料馬已於去春客死梧州，臨終備嘗苦楚，而生前所攫的不義之財亦被馬之親友轉輾侵蝕，所剩無幾。此豈孔子所謂「悖入悖出」者非邪！

當馬玉山公司鼎盛時代，粵人冼冠生氏集款只五百元，在南市九畝地賃平屋三間，製售陳皮梅及小包牛肉，規模極為狹隘。幾年來慘澹經營，由小而大，迄今本埠分支和各埠分號均有多家，而「冠生園」三字也洋溢於社會，幾至家喻戶曉，遐邇咸知。且冼、馬同為粵人，更同以其人名題公司，顧一成一敗，其原因何在？大凡創業者，由小而大，能負責，能儉省，尤能時時顧全股東血本，則業務未有不發達，基礎未有不鞏固，反之也未有不蹈馬玉山的覆轍。

還有三友實業社與家庭工業社兩實業機關，今日社會人士但知其發達，而不知初創時代之三友與家庭，範圍均極狹小，且各僅資本數千元。嗣後由小而大，逐漸擴充，且經理得人，經營十數年，致有今日的成績。可知事在人為，後之辦實業者宜可以取法了。

赤腳財神

商界元老虞洽卿（和德）先生他老人家的大名，在上海社會上早已人人皆知，個個稱羨了。可是虞先生當那童年學業時代，天天赤了雙腳，束了布裙，盤了髮辮，做人所不屑做的瑣事，吃人所不願吃的苦楚。等到後來，學問也有了，名譽也大了，信用也昭彰了，他的地位就此一天升高一天起來。可是在四十年前的虞先生，做苦學徒時代，那知有今天的譽望呢？俗語說得好：「吃得苦中苦，方為人上人。」這十個字，仔細想來，倒很有警策青年的深意。現在社會上呼虞先生為「赤腳財神」，就是他老人家的一雙尊腳，幼年嘗跣足步行，故有此稱號。還有一位新近病故的五金業領袖項如松先生，他在蠟燭店裡做學徒時代，也和虞先生吃差不多的苦，做差不多的事，後來也譽馳商場，全滬皆知。今雖去世，而項先生的功績還口碑道載呢！

赤腳財神虞洽卿

張聾髯

從前有一個專醫傷寒病著名的醫生，名叫張驤雲，後來因為年紀大了，兩耳聾了，人們索性叫他「張聾髯，這張驤雲的原名反而沒沒無聞。他老人家出名的原因，有兩層緣故：第一，凡去求診的人，都不計診金的多少，如給他兩毫小洋，或二十銅元，他都接受。倘使要請他出診，不論路途遠近，只要一隻大洋。如有真正赤貧之流，到他家裡去求醫，分文不給，他也按脈開方，不若別個醫生專在診金上斤斤較量，如路近若干、路遠若干、拔號若干、輿金若干、早晚若干等種種區別。第二，他老人家心直口快。如人們患了夾陰傷寒，請他醫治，他按脈問病後，先下一頓教訓道：「你們太快活了，生出這樣尷尬病來丟臉，阿要難為情？」教訓完畢，然後開好方，叫病人快去服藥，不得遲延。但是說也奇怪，染傷寒病的，不論夾陰夾陽、重病劇症，經他一醫，十有八九都會轉危為安，慢慢痊癒。因此「張聾髯」三字的大名，社會上竟至家喻戶曉，人人知道了。

他老人家日裡在家應診，一天到夜忙個不了。每天剛剛東方發白，病人已陸續而來，客堂裡、天井裡，甚而門房間裡，必坐滿了病人，候他診治。等到開診以後，連吃飯休息也沒有功夫，故人家請他出診，須到晚上才來。每到深更半夜，他才坐著一乘小轎，轎前掛起一盞燈籠，籠上粘一「張」字，轎夫快步如飛的舁往病家去挨次醫病，忙碌之極。

現在張聾聾老先生久歸道山，曾經受他醫癒的人追想起來，還有些念念不忘。

殺人不見血的劊子手

現在上海掛牌行道的國醫，約共三千人以上。在那許多醫生中，醫術高明的、經驗豐富的固屬不少，而濫竽充數的也很多很多。甚或脈理未精、藥味不熟，僅僅讀了一冊《湯頭歌訣》，居然以國醫自命。因此庸醫殺人的新聞，在報紙上常常可以瞧見的。假使對方稍微強硬些，心又不甘，因之涉訟法院的，每年也有多起，豈不可歎！故滬人目此輩庸醫為「殺人不見血的劊子手」，的確有感而言。人們患了疾病，倘使覓不到良醫，還是服膺古訓「不服藥為中醫」罷，以免枉送了寶貴的生命，才是道理。

姚天亮、蘇雞啼

滬紳姚紫若（曾綬）先生，性喜詼諧，又好交際，與人談話，能使人掩口胡盧。姚先生又善飲，量也很宏，每逢宴會，必須飲到東方發白才告辭回府。後來姚先生的朋友都改叫一聲「姚天亮」了，他也不以為忤，歡喜接受。從前《時報》館廣告部有一位陳先生（名卻忘了），他也歡喜作夜遊工作，而且興致很豪，非天天玩到天明不歸，故一班朋友也呼他「陳天亮」。這就是有其一必有其二。

還有一位創辦民立中學的蘇筠尚先生，也和姚天亮一樣，每逢宴會，必吃到晨雞高唱才打道回去，因此人們代蘇先生起了一個諢號叫「蘇雞啼」，也是這個緣故。

交際博士黃警頑

提起了「黃警頑」三字的大名，凡在社會上漏臉的朋友，大家都認識的罷！黃博士在商務印書館不過做了一位招待處職員，在那外邊和他認識的朋友，不但本部十八省區統有相識，即遠至新疆、蒙、藏，黃博士都有朋友。他說：「能知道姓名和常常通信的，截止現在為止，共有兩萬多人。」他的寫字臺上，堆滿著各省各友的信札和各人的卡片，不計其數，足見他交友廣闊的明證。且黃博士記憶力也很強，無論什麼人，初次晤面交換過卡片後，隔了數年再去會他，他即能道出姓名和職業，一點也不差。他兩萬多的朋友中，異姓少艾也不少，有慕名而來的，有託他謀事的，也有託他領導參觀的，平均計算每天總有二三人。他有昆仲三位，博士居長，兩位弟弟均已娶妻生子。他老人家才於去年和某女士在南京結婚，他的年齡已在四十以外了。

外國女律師

當七八年前公共租界之特區法院與臨時法院尚未改組時代，名曰「公共租界會審公廨」，即俗呼「新衙門」是也。當初審判制度為中外會審制，吾國律師能出庭辯護者殊寥若晨星。那時偶興訟端，都請外籍律師辯護，而美國雷聲布女博士亦在廣東路組設事務所，行使其律師職務，此為外籍女律師中的第一人。

大包作頭和小包作頭

在海上建築一批房屋或幾座洋房，先與大包作頭（即營造廠主人）接洽妥當，簽訂合同（即契約）後，即由該作頭一手包辦，建築人無庸顧問。其他如油漆匠、泥水匠、銅匠、鐵匠以及玻璃、磚瓦、鋼骨水泥等等，都由大包作頭自己分包與各小包作頭，實行分工辦法。故工程繁，工作很快，建築人只須到了約期，按照合同所載驗收房屋。倘使建築不符或超過限期，也由大包作頭負完全的責任。

糞夫之雙料利益

上海灘上，不論那一種物件均可換易金錢，最沒用的如破玻璃、碎布頭、舊報紙、蠟燭油等，一概有人來收買，甚至肉骨頭、亂頭髮也可換物。只有「造糞機器」造出來的糞，不但天天雙手恭而敬之的完全奉送於糞夫，而糞夫每逢月底和四時八節還要挨家逐戶討取酒錢呢！糞夫的職業，雖為「臭生意」，而所得的雙料利益實在是不少，任何職業遠不及他，故滬市中由糞夫起家的已有多人。

現下建築的新式房屋，都築有抽水馬桶的。倘使再過二、三十年，全市的房屋一律改造了，均備有抽水馬桶了，然後糞夫的大利才宣告破產哩！

生意和尚討老婆

和尚只有禪門和尚與沙門和尚，從未有過什麼生意和尚，況且既做了和尚，早已六根清淨，五蘊皆空，那有討老婆、養兒子的道理呢？海上有一種僧侶，他們召集了同類十多人，租屋一二間，既無廟宇也無佛像，專門挽託熟識者介紹信佛人家去念經拜懺。他們和俗家一樣，也娶老婆，也養兒子。作者前居唐家弄協志里時，適見對戶光頭僧侶輩出出進進，厥狀甚忙，且有婦女在內。異而趨詢其僕役，僕道：「吾們是生意和尚，自己不修道，專替人家念佛，並且也照尋常娶妻生子呢！」

今年北河南路有一座龍圖閣廟，因犯煙案被當局派探搜查，同時發現很多的少婦，這班少婦想也是光頭的老婆了。

電車

電車在馬路上行駛，差不多已有三十多年了。起初的路線很少，只有一路和三路（即行駛靶子場到靜安寺，東新橋到麥根路兩線）。創始當口，所僱的開車夫訓練未熟，毛手毛腳，因此電車肇禍時時發生。一般居民也少見多怪，相驚伯有，都不約而同的說道：「乘電車身畔不可攜帶銅錢用品，以防觸電危險。」等到風行了幾年，這種幼稚的思想才算消滅。

後來法租界、華界都陸續鋪設路軌，相繼行駛。公共租界方面，除有軌電車外還有一種無軌電車，最初行駛只天後宮橋到鄭家木橋一

二〇年代外灘電車

段，每客只取銅元兩枚。電車分頭等、三等兩級，沒有二等者，不知是何取義。

到了現在，人們已視電車為交通上利器，不論怎樣荒涼僻靜地方，只要有了電車通達，市面就會慢慢兒興旺起來，荒僻區域即可一變為人煙稠密之地。

西人眼光遠大，用大資本來做零碎生意。吾國短視的資本家都訕笑西人是傻瓜，以謂集了巨大的資本不去做大買賣，情願做這種幾隻銅板的生意，豈不可惜？不知電車事業一經發達，永久立於不敗地位，車價也可隨時增加。生意雖說零碎，然積少成多，獲利又很大。從前公共租界的電車收入每天不滿一萬元，現在已達到三萬元以上了。

大家當心點

當電車和公共汽車乘客擁擠的時候，賣票人有時直著喉嚨嚷道：「大家當心點啊……」他嚷這句話雖不顯明，其實就是叫乘客留心扒手兒光顧的意思。因為電車、汽車擠軋的時候，扒手就會乘機施行其敏捷快速的偷竊伎倆，更能使乘客不知不覺中失掉錢袋、時錶等物。等到察覺，扒手兒早已鴻飛冥冥，不知去向了。據說在車子上行竊的扒手，他們也分段行竊，各守疆界，毫不混亂，且每天分早、午、晚三個時期，執行他的無本生意。

東洋車

最初馬路上行駛的人力車都仿日本構造，車身很高，雙輪用鐵皮包鑲，行路時隆隆作響。因為係日本式，故滬諺呼叫「東洋車」。後來黃包車產生（因車身是黃色，故名黃包車），車身比較低矮，人坐其中較為妥適，車輪用橡膠胎做成，行時聲浪很低，起初都為有產階級購作包車，故有「包車」之名。等到此種車子盛行後，原有舊式的鐵輪東洋車，就逐漸歸於天然的淘汰。

二〇年代黃包車

野雞包車

通行馬路上的人力車，計有兩種：一種是車公司出租於苦力的，俗呼「黃包車」；一種是人家自己置備，僱用車夫拉的，叫「包車」。另外還有一種車子，是拉車人自己置備，兜攬客人生意的，這叫做「野雞包車」。因為既不是包車與黃包車，只好加上「野雞」兩字了。

人們要僱用野雞包車，或以月算，或以鐘點算，都無不可，均先向他們講定，或僅如黃包車的臨時僱用一回也可以。

腳踏黃包車

小車和黃包車都屬於人力車一類，還有前幾年市上發現一種腳踏黃包車，形式比較普通黃包車低矮，車廂前面裝置兩車輪，上有座位，車夫高坐其上用雙腳踏之，駛行很速。又因車廂低矮，人坐廂中很覺適意，但是車夫方面極為吃力，不如普通黃包車用手挽拉者可以借力。因此此項車輛駛行不多時，即歸消滅，今僅偶一見之，為數已很少了。

黃包車廣告

年來廣告事業日新月異，常常有匪夷所思的新發明。至車輛上的廣告，火車、電車和公共汽車施行已久，已為司空見慣之事。去年某某廣告公司創辦黃包車上廣告，在車帳後面綴有縱數寸、橫數尺之玄布一條，用白粉寫之，頗為別致，又極顯明。但一般商家多謂這種廣告雖很觸目，惟缺點在於車行過快，如走馬看花，不易收相當效力，大都不願登載。故黃包車廣告自起初至消滅只半年許，今也成為過去的陳跡了。

不准兩人坐車

公共租界與華界地方，如兩個男子或兩個女子合坐一輛人力車，可以安然通過，警吏不來干涉。惟法租界定章不准兩人坐車，倘使冒冒失失的坐上，巡捕就要上前阻止，立刻驅逐下來。如果稍一游移，就拘到捕房裡，處車夫以違警之罪。本年法租界東新橋街，越捕某甲干涉兩女坐車，釀成一件開槍殺人的慘案，也是這個起因。

人力車夫苦惱

滬上的人力車夫，據最近調查，包括黃包車、小車在內，共有二萬七千多人。考其籍貫，都屬於江北之鹽城、高郵、南通、靖江、崇明各縣為多。工作的艱難、生活的困苦，為各業工人所無，全靠兩手用力，兩腳奔波，缺一不能，所得的微利，以維持其苦生命。前聽某醫生說：「不論年壯力強的車夫，倘繼續十年的拉車生活，沒有不發生肺病和冒血而亡。」因為天天在路上奔波，心肺早已震盪得非常厲害，故肺病和冒血也是當然之事。

車夫向車公司租車，又不能直接去接洽，須經過大小包工人之手，一轉移間，租價就激增起來，現在每天需洋十三角有零。逢到大風大雨，乘客稀少，生意清淡，掙不到十三角以上，不特不能維持生計，一天就白白犧牲。假使租價不清，還要受車公司的辱罵和毆打。這種非人的生活，無怪社會主義家要提倡不坐人力車了。

可惡的車夫

拉車子的車夫全靠兩腳奔波，自食其力，實在是勞苦極了。抱人道主義的慈善君子，深表憐惜。但是善良的車夫固可憐惜，而狡獪的車夫實在可惡呢！常有一班狡獪的，口裡先含著銅質小銀幣，等到客人付給車資後，他將真銀幣藏過，吐出假銀幣來，硬逼著客人掉換。不掉換則揎袖攘臂，呶呶不休，你想可惡不可惡呢？故老上海人在那付給車資時候，當面囑他看過優劣，要掉就掉，他才無法施行狡獪伎倆。

電影

中國的電影劇，現在總算發達極了，不過比較歐美各國，還在幼稚時代。電影公司現在已有十幾家，電影院也有三、四十處，且從無聲劇進而為有聲劇，駸駸然有打倒平劇及其他戲劇之勢。

但是回顧二十年前的電影，只有外國劇。最初，作者在福州路青蓮閣茶館對門一家範圍極小的影戲院裡去過一回，每張戲券只售銅圓十枚，顧客都是短衣跣足的下層民眾。以後每到夏天，泥城橋外有演露天電影者，每位只取小洋一毛。那時候所映的都是外國偵探長片

上海大戲院外景

子，一本影片必接續連映至十多天或二十多天，才告完結。

後來蘇石癡在法租界吉祥街（現在中國影戲院地址）開設民興新劇社，因欲加增觀眾興味起見，每晚新劇完畢，加映中國電影二、三幕，此為中國電影劇發現之始。不過那時間吾國並無電影公司，都請外國公司代替拍攝，扮演人物就是民興社的演員。

到了民國七、八年間，張石川創辦明星公司，但杜宇創辦上海公司，才有自攝的電影開映。明星的《孤兒救祖記》、上海的《古井重波記》兩片，很受觀眾所稱譽。《救祖記》的主角是王漢倫，《重波記》的主角是傅文豪，今王已改業，傅已隱居，在銀幕上不能再見王、傅兩女士的色相了。

一說明星開映《救祖記》前還有一本《張欣生》影片最先開映（《張欣生》即弒父慘事），究竟孰先孰後，已記憶不清。

舶來品的有聲電影開映迄今，差不多已有五、六年了。中國電影公司起初因資本薄弱，人才不夠，不敢貿然拍攝，只好眼看外商賺錢。直到去年，才有天一公司開攝慕維通有聲影片，明星公司也繼之而起，名稱「四達通」。不過收音等人才，起初都聘請西人擔任，現在才有華人自己收音。

明星公司在未曾拍攝片上發音之前，先用蠟盤收音（仿留聲機辦法）拍攝《歌女紅牡丹》、《如此天堂》等片。惟因蠟盤收音之故，發出來的聲浪和劇中人動作往往有脫落參差之弊（友聯公司也仿效明星蠟盤收音攝過一本《虞美人》片）。

兩年以前，還有海甯路一家新愛倫影戲院門口，釘著一塊白布橫招，大書「本院開映第一發明國產有聲影片」。起初開映時候，居然能哄動一時，座客常滿。其實一究它們內幕，所謂國產有聲影片者，非是蠟盤收音，也非慕維通、四達通等片上發音，卻是一人躲在幕後，依照演員動作怪聲怪氣的亂叫一陣，某報斥為鬼腔鬼調，彷彿相近。吾說：「能想得出新花樣，佔先一著，總算是他們的小聰明。」後來這鬼腔鬼調已戳穿了，觀客都裹足不往，他們才歇手。

現在電影公司雖有十幾家，可是最著名的，只有明星、天一、聯華三家而已。

各公司的出品都標著「國產」兩字，實則影片中一切原料和演員的化裝品大半是舶來品，每年漏出的金錢實在不少。「國產」云云，僅男女演員的本身確是中國的出產

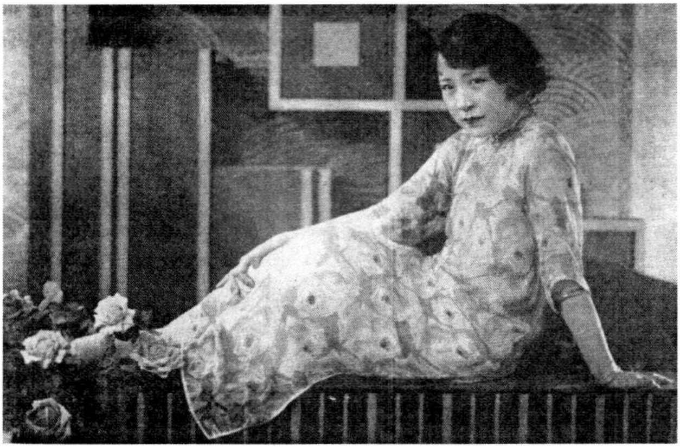
1931年的王漢倫

品，不過處在生產落後的中國，要叫電影公司改買國貨原料，在勢也有所不能罷。

電影雖是娛樂品，也是社會教育之一。選取劇材，編輯劇本，須加以審慎，不可忽略從事。譬如有一本良好電影開映，在觀眾方面，多少總可得到一點益處。倘使無價值的電影，又必予觀眾得到惡劣的印象。徵之前年閻瑞生謀殺蓮英的慘劇觀之，實為不虛，因閻瑞生的一切舉動，都得自外國惡劣片子的影響。

吾國的地位是次殖民的地位，在理應多編些興奮民族性和改良社會的作品，警策觀眾，借此以喚起垂死之國魂。奈影片公司多不注意於此，一味利用社會的弱點，專編不是神怪劇便是愛情片。試問這種片子適合社會教育麼？能警策觀眾麼？

公司老闆但求片子的賣錢，其他都不顧及，因此在某一時期盛行過一種荒誕不經的武俠片子，實則專以駕霧騰雲、互鬥法術為事，而於真正「武俠」兩字也離題千丈了。又試問這種片子，究於社會教育有絲毫的益處嗎？

現在這種荒誕不經的片子已慢慢落伍，總算電影前途的好現象。不過新出的片子，仍多描寫男女兩性之事為主，如果要看興奮民族性和改良社會的作品，仍舊是很少。

王漢倫《電影雜誌》第4期（1924年8月）

雜耍

雜耍一類的玩藝，向來不登大雅之堂。自從遊戲場盛行以來，雜耍的地位就慢慢的提高起來，到如今，已和舞臺劇、電影劇隱然有鼎足而立之勢。

雜耍的種類，如大鼓、宣卷、口技、提線戲、獨腳戲、雙簧、魔術、蘇灘、本灘、搭腔戲、搭頭戲、寧波戲、打棚戲等種種分別，真是五花八門，花樣繁多。且蘇灘中又分崑腔蘇灘、化裝蘇灘、便衣蘇灘之別，魔術中也有新、舊和大套、小套之分。業此者，更順著潮流的變遷一項一項的隨時加出來，實在記不勝記。

露天舞臺

愛多亞路一帶地方，每到夕陽將下和日落黃昏之際，常有衣衫襤褸、煙容滿面的仁兄，先用粉筆在水門汀上滿塗著飛白大字的臺名及劇碼，復加以不二不三的化裝，就可開始唱戲了。嘴裡一隻破喉嚨，哼著不三不四的腔調，如「一天過了又一天，心中好比滾油煎」、「孤王酒醉桃花宮，韓素梅生來好貌容」、「欺寡人」等《文昭關》、《斬黃袍》、《逍遙津》一類的戲詞。圍攏來的聽客以下層民眾為多，等到一曲唱罷，再打躬作揖地乞求聽客隨意給錢。得錢後，如聽客不走散，再來一個也是常有的，亦有暫時閉幕，停歇再來演唱。這種玩意就叫「露天舞臺」。

露天旅館

一班窮朋友們，到了炎天暑熱時代，因他府上只有一間鴿棚式的臥房，雜居四五人、七八人或十多人，夜間實在不能睡眠，往往挾了一條草席，在那馬路旁邊水門汀上當眾露宿。有獨自睡的，有二三人合睡的，也有攜了兒女同睡的，涼風習習，快活非凡。這種露天旅館，到了夏天竟至到處皆是，隨地可以瞧見。不過做露天旅館的旅客，身體強壯的還不要緊，體質衰弱的只貪一時涼快，到了夏去秋來，一場溫病結果了窮性命的也很多很多，豈不十分可憫麼？

夜花園

從前遊戲場尚未創設時代，每到暑夏，必有夜花園之產生，地點在那徐家匯路康腦脫路一帶荒涼區域。園裡面的組織極簡陋，不過架木作柱，支席作頂罷了。園中的玩藝，也只有新劇戲法和幾種雜耍而已，售賣的東西倒反很多，如汽水呀、糖果呀、啤酒呀、白蘭地呀、色白大菜呀，莫不應有盡有。每夜開放時間，從夜午一點鐘起到天亮為止。一般時髦的男女朋友，居然相與偕來，情話連綿，快樂陶陶。更有狎客蕩婦、曠夫怨女，借避暑為名義，實行其桑間濮上的勾當，借蔓草為戰場，互相比賽，為數也不少。等到暑去秋來，樂極悲生，一場傷寒，就此結果了性命，同作屈死鬼，豈不可歎！後來遊戲場崛起後，這種夜花園方才淘汰盡淨，然幾年來的害人數量已不在少數了。

打倒獅子金剛

從前人們所用的牙粉，除了土製的烏賊骨屑外，大多數統用日本出品的獅子牌和金剛石牌幾種。牙粉雖屬小品，而需用很廣，日本人卻用全力來經營，每年貿易總額要達千萬元左右。年年利權外溢，不可計算。

杭縣陳蝶仙先生（別署「天虛我生」）有鑑於此，在那十五年前組織家庭工業社於西門內靜修路，發售無敵牌（取天下無敵之意，商標上繪以彩蝶，語含雙關）擦面牙粉。起初開辦時規模很小，僱用少數工人，陳先生自充技師，夫人、公子、女公子輩充任男女工和助手，勤勤孳孳，自強不息。明年適逢「五四」一役，民眾群起抵制劣貨，購求國產，而無敵牌牙粉的榮譽就此蒸蒸日上，一日千里。

牙粉以炭酸鎂為主要原料，此貨又產於日本，且價值很貴，陳先生又自行製造，不受他國居奇操縱，而無敵牌牙粉卻為純粹的精良國貨，它的聲譽就此日增月盛，全國皆知，向來用慣獅子、金剛者也都改用無敵牌牙粉了。

家庭工業社從幾千元小資本做起，今已擴充到數十萬元了，從三、四種牙粉做起，今已擴充各種化妝品和藥品到數百種了。向來橫行市上的獅子、金剛早在打倒之列，更可知空口亂嚷「打倒打倒」是無益的，沒用的，必要想出一種實業來救國，才可以達到打倒的目的。

無敵牌牙粉

各業最多地點

海上各種商店，不知怎樣，都有聚集在那一塊地方的，如石路之南是衣莊店，石路之北是桂圓店，鹹瓜街是藥材行和參茸店，九江路中段是民信局，十六鋪口和老閘橋堍是鮮果行，正豐街是戲衣店及伶人所用的傢伙店，寶善街是鞋襪店、箋扇店，望平街之北是帽子店，棋盤街和福州路是書坊店與筆墨店，三茅閣橋是呢絨店，北京路和黃浦灘是銀行，寧波路和天津路是錢莊，十六鋪南和新閘橋是米行，十六鋪外灘是木行，南京路是鐘錶店和銀樓，晝錦里是化妝品店，小花園是女鞋店，南市豫園是象牙店，民國路是海味行和水煙行，小東門是鮮魚行，南市里馬路是陶器店，北四川路和霞飛路是西服店，北京路是西式木器店和舊貨店，二馬路是顏料店，拋球場和小東門新北門是皮貨店，天潼路是蛋行。

天祿之推潭僕遠

市上各店鋪之青龍招牌和堂匾均用四字為多，最普通的如酒店必書「太白遺風」，綢緞店必書「黼黻文章」，鑲牙店、銀器店必書「巧奪天工」，紙貨店必書「蔡侯遺風」，醬園店必書「鼎鼐調和」等等。望文生義，使人看了匾字即知為那一種商店。惟浙江路天祿茶食店內，懸一橫匾曰「推潭僕遠」，且為已故行政院院長、鼎鼎大名的書家譚延闓題寫。這四個字的來歷，未經說穿，一般新學家往往要搔首踟躇，莫名其妙。

其實此四字的來歷，出在《漢書》上，它的意思是甘美酒食之意。但天祿只賣茶食糖果。並不賣酒，於義也覺牽強。不過出於大政治家、大書家的大手筆，只好讚揚他題得深奧確切了。

飯店弄堂

九江路（俗稱「二馬路」）外國墳山附近有一條弄堂，一面通南京路。這條弄裡一共只有三、四十家鋪面，而飯店卻占去十多家，且一律都叫「正興館」，不過加上一個「老」字、或「真」字、或「起首老店」等區別，招牌上必有一大「飯」字，是表明他們專做吃飯生意的。所定菜價，比較別家便宜，又用小洋和錢碼計算。他們的菜肴，如炒圈子、炒禿肺和鹹菜燒小黃魚、竹筍燉鹹鮮肉是最著名的。一般經濟朋友因為價廉物美，都趨之若鶩，而「飯店弄堂」也因此大大的出名了。

現因該處翻造房屋改建大陸商場，故今飯店弄堂已消滅於烏有，僅為歷史上的陳跡而已。

薦頭店

蘇錫人開設的薦頭店（也有非蘇錫人開的，不過很少），每條路上總有一二家，他們的職務是介紹男女傭工到人家去做工。女傭中如燒飯娘姨（滬諺呼女傭曰娘姨）、梳頭傭、奶媽、小大（大字讀若度）姐（即未成年之童工），男傭中如燒飯司務、出店。不過事實上介紹女傭為多，男傭則很少，不過應個景兒罷了。

他們的鋪前都標著某姓薦頭店的招牌（如張薦頭、李薦頭、王薦頭之類），也有不標某薦頭而書「男女傭役介紹所」的，旁邊並有八個小字：「至親好友，無保不薦。」但是傭工的保人不須現洋擔保和鋪保，都是工人自己甲保證乙、乙保證丙的口頭擔保而已。

人們要僱傭工，先到薦頭店去關照需要那一項工人，他們就會送到。送到當口，先給薦頭車資二百文（也有給小洋一毛或兩毛者，普通以二百文為多），試用三天后，薦頭再來接洽。倘使雙方合意，然後面議工資，作為定局。譬如每月工資五塊錢，工人方面給二成洋十角，主人方面給三成洋十五角與薦頭以作介紹之費。此後或做工幾年，或只做幾月，都和薦頭不涉；惟工役犯了竊盜等情，那薦頭須負責料理。倘使送來的工人彼此不合意，未到三天即可掉頭而去，只給予幾個錢即算完事。

開設薦頭店的老闆，大多數是一夫一妻，故叫薦頭店為「夫妻店」也於義相通。

店員之三副面孔

開了商店，全靠買客來交易，才可生財，才可支援，從無一家店鋪沒有買客上門可以獲利而持久。商店老闆僱用店員，是專門招待買客為職責的，故買客實為店主、店員的衣食根基。倘使一家店鋪天天買客稀少，生意清淡，結果不是關門定是破產。

店主、店員和買客的關係如此其重要，在理店員先生對付買客，不論大小生意應一律和顏悅色，竭誠招待，才可問心無愧，盡其天職。不料現在的店員，對付買客卻分出三副面孔。那三副呢？第一是晚爺面孔，第二是輕薄面孔，第三是諂媚面孔。如對於鄉下人或衣服樸素之輩，卻似理非理，裝出一副十足式的晚爺面孔來。他們以為鄉農和窮人都是起碼戶頭，有不屑招待之意。實則衣服樸素不見得盡是窮人，鄉農也有大買客在內，那可以皮相取人呢？

第二對於花枝招展、衣飾華美的女客們，他們才一變其晚爺態度，兩隻老鼠眼式的眼睛笑迷迷的有問必答，有言必盡，甚有扯談亂道，嘻嘻哈哈，手舞足蹈起來，此非輕薄而何？

第三對於衣服華麗、僕從如雲的漂亮大老闆或大紳士，他們又打躬作揖，掇臀捧屁，無微不至了，這種行為非諂媚而何？

還有對於普通買客，或揀選不對，或論價不合，因此未能成交，臨走的當口，他們必扳起面孔，白眼相加，甚有暗罵「屈死豬玀」，撮口作「噓噓」之聲以逐之。店員先生的變態如此，所謂一店的主人翁和大經理又垂簾高拱，大搭其臭架子，而不暇注意和矯正了。

上面所說的店員先生雖不是家家如此，倘使嚴格的調查起來，倒不在少數呢！試看東鄰的矮子商店對待買客，何等謙和？不論大小主客都一律看待，因為今天確是小主顧，下次變了大主顧也未可知。買主上門揀選貨色不論怎樣繁多，結果仍舊一文不交易，他們依然和顏悅色，殷勤送別。作者非敢炫人之長，暴己之短，因欲一般侮慢買主、慣使晚爺面孔的店員先生作為一種攻錯的改善、觀摩的標準。

理髮店門前之三色棍

市上各理髮店門口，必裝置短而圓的三色棍，有一根的，也有兩根的（分左右排列）；有呆板不動的，也有中燃電火如風車般旋轉不停的。這個東西究竟是什麼用意？問問理髮師，都說「市招」。其實此三色棍，倒有很深遠的歷史。

當租界初闢未久，法國人首先開設理髮所，專替法人剪髮修面。因法國習尚侈麗，競事裝飾，故法國人的理髮所開設獨早。他們特在門口裝置一兩根三色棍，是代表法蘭西的國旗所用。等到民國肇建，人們都除去髮辮，從事剪髮，而各理髮店的裝飾也煥然一新，觸人眼簾的三色棍亦家家裝置，已和剪髮用的刀刷、店門口的玻窗一樣的重要了。

不過現處「黨國」時代，應將三色棍改為青白棍才覺相宜。可是理髮店裡老闆囿於見識，仍舊一律用三色，未免太覺有些法國化。

砂鍋餛飩

五年以前，愛多亞路有一家大中樓菜館首先發明了一種砂鍋餛飩。剛出世時生意卻很好，樓上樓下，天天有客滿之盛。後來同業中瞧得眼紅，就紛紛仿效起來，又加上了許多佳名，如鳳凰餛飩、鴛鴦餛飩、神仙餛飩之類。砂鍋餛飩究竟是一樣什麼東西呢？是裹好了元寶式的大餛飩，用雞和鴨雙拼而成，放入一隻砂鍋內。起初的當口生意是好極了，大有應接不暇之勢，因為上海人向有一窩蜂的心理，只消一人提倡得法，包管你聲氣相通，如潮而來。

後來上海人的胃口吃膩了，對於當初竭力歡迎的砂鍋大餛飩就此唾棄不食，如秋扇之見捐。菜館老闆知道風頭已過，也就此偃旗息鼓，不再出賣了。

菜飯

六、七年前，六馬路同春坊弄裡一家灶披中開了一爿菜飯店，門口用紅紙寫「楊記」兩字，代表他的店號。店主人確為楊姓，是蘇州人。菜飯原料，用青菜、豬油混合煮成，又香又鮮，外加交頭，每碗只售小洋兩毛。起初的交頭不過排骨、排四、四喜、腳爪幾種，因為價廉物美，生意很好。

後來這種店鋪越開越多，且都正式租屋開張，裝潢也很華麗。菜飯的交頭也添了不少，如紅雞、酥鴨、醬蛋、雙拼（如一塊排骨、一個醬蛋之類）等等。又有幾家每碗菜飯附送清湯一碗，故一般經濟朋友都趨之若鶩。

現下同春坊房屋早已翻造了，最初發明菜飯的楊姓朋友不知喬遷到哪裡去了，小小一種生意也不免使人興滄桑之感。

天天大廉價

市上有一種商店，常年僱著一班音樂隊砰砰彭彭的亂敲亂吹，並且貼著很多觸目的紅綠紙條，大書「大廉價」、「大減價」，也有寫著「十周紀念」、「五周紀念」和「關店拍賣底貨」、「不顧血本」、「非常大廉價」等種種動聽標語。其實他們的寶號開創到今，還不滿一兩年辰光，那有五周、十周的紀念呢？又一面嚷著關店拍賣底貨，實則他們的寶貨都從後門運進來，故天天說關店拍賣，可是天天做著好生意，而且這爿寶店也永遠不會關門的。況且他們一年三百六十日天天舉行大廉價，天天僱著鼓吹手平空加添了一筆開支，你想這種廉價寶貨還有平沽的誠意麼？

接方送藥、代客煎藥

自從徐重道國藥號創辦接方送藥和代客煎藥後，一般在客旅中的患病人都感著不少方便。譬如看了病，開好藥方，不需自己到藥鋪去購藥，只要打一個電話，他們就馬上派人來拿取藥方，配好藥劑仍舊送來，只給藥價，不另取資。倘使叫他代煎，只取煎費一角，煎好後裝入熱水瓶裡，派人騎腳踏車送到，可謂便當之至。不過徐重道創辦此種新章程後，繼起者已有多家，惟牌子最老的蔡同德、童涵春、胡慶餘等還未實行。

兌換銅元

各煙紙店除出賣煙紙雜貨外，而兌換一項，也是它們的主要營業，且轉輾之間所得的盈餘比較煙紙來得多，故一店生意的盛衰全靠兌換的多寡而定。

有些不道德的店鋪，暗中專門收進新輔幣（即銀少銅多的新角子）和劣輔幣，陸續搭出，這個賺頭就大有可觀了，因為新輔幣一塊錢能換三、四十枚。他們只知道非法的賺錢，害人與不害人都置之腦後了。

還有一種地近電車、公共汽車站的煙紙店，他們的市牌上明明標著雙角（即四開輔幣）換銅元五十枚。他們瞧見你急匆匆去兌換，就暗中扣去數枚，等到跨上車子數一數，只有四十七、八枚，或僅有四十五、六枚也是常有的事。你如要和它找補，而如飛的車子已駛去不少路程，更且中途也沒法跳下，只好隱忍吃虧。故老上海人在銅元到手之後，不慌不忙的數一數，如有短少當場找補，才免吃虧。

煙紙店的兌價

市上各家煙紙店對於兌換的價格，大都各自為政，參差不一，從未有一家相同者。最小和最多的，常有相差到三、四十文或五、六十文不等。譬如甲店掛牌每元兌換銅元二千七百文，乙店可兌二千七百三十文，丙店又可兌二千七百五十文，諸如此類早已相沿成風。其他如小銀元換銅元，或大銀元換輔幣，都是如此。逢到節邊或年關相近，其兌價更忽然降低至百文以上。開歲五天之中，更不掛兌牌，人們前往兌換，他們必隨意減小，兌換人只好大吃其虧，也沒法和他爭論。

同業嫉妒

同業嫉妒，各各排擠，也是吾國商人的惡習和小器。從前線襪還未盛行時代，廣東路（即寶善街）上為出賣竹布襪的集中地。那時有兩家同招牌的宏茂昌，為了一塊招牌彼此興訟，大打其無聊官司，更大家請准官廳給示諭禁，不許他人仿冒。不過兩家都有官廳的煌煌告示，又都說一百多年的老店，店門口還掛著半塊破招牌，表示他老店的鐵證。但是究竟那一家是老店，那一家是假冒，吾們局外人實在莫名其妙，只好說一聲「天曉得」。

其實只要貨色好、定價廉、招呼周到，久而久之，主客自會上門，生意自然興隆，何必一定要在「宏茂昌」三個字上奮鬥。如果你們貨色好，定價廉，招牌改為「宏茂昌」、「錦茂昌」、「宏茂大」，都不要緊。然而它們概不計及，情願將雪白大洋錮往官廳裡送，真是何苦！

後來等到線襪盛行後，布襪漸漸落伍，這兩家宏茂昌的煌煌告示和掛在門口的半塊破招牌方才撤去。

既屬同業，宜大家互相維護才是正理，即使有競爭，須著重在貨色與招待兩方面注意。倘不此之圖，專斤斤那一塊死招牌上用功夫，適足表暴自己的弱點和無意識。

小兒回春丹

慈溪徐某在廣州地方開設一家敬修堂藥鋪，並製合一種小兒回春丹，據說能醫小兒百病的。起初委託南京路拋球場老方九霞銀樓寄售，後來全市的大小銀樓都有寄售了，鋪前貼有紙條，上寫「本樓寄售敬修堂小兒回春丹」字樣。

徐某係慈溪人，開設銀樓的主人翁和經理先生也多慈溪人，有此一層淵源，故各鋪也樂於寄售。現在人們要購回春丹都向各銀樓去買，而各藥材店裡專備的回春丹反少主顧去交易。

華成公司之股票

華成煙草公司成立在「五四」以前，創辦之初規模很小，資本也有限，每股票面只洋念元。當時竭力慫恿各煙紙店認銷，該公司立意：倘煙紙店老闆和經理購得華成股票後，必肯竭力推銷該公司的出品，實為法良意美之舉。等到「五四」一役，民眾方面群起抵制外貨，因此華成出品的美麗牌、金鼠牌捲煙一日千里，日增月盛，十餘年來已獲利無算，大有打倒英美（英美煙公司）、抗衡南洋之勢。到了現在，每股念元之股票票價已漲到一、二千元左右還無處購買，其營業的發達、基礎的穩固，為其他煙草公司所望塵不及。

華成煙草公司的美麗牌香煙

達仁堂的死算盤

普通商店所用計核銀錢的算盤，大都是活動的，可以移來移去，只有南京路望平街口樂家老鋪京都達仁堂藥店所用算盤，係嵌入櫃檯上面不能移動的，此可謂特別算盤了。該店由北平分此，據說那邊商家都用此種死算盤。作者雖曾兩次北上，惜匆促間未曾留意，是否如此，還待證實。

保險

保險事業也是現下最發達的生意，其中名目很多，如保火險、保水險、保人壽險、保貨棧險、保汽車險、保意外險，至今年又有人舉辦保玻璃險（即保各大商鋪之玻璃窗險）。現在名目雖多，比較歐美各國有保喉險（即保唱戲唱歌者）、保手險（即保打字為業者）、保腳險（即保跳舞者）還相差甚遠。保險業創自泰西，故從前營保險業者多為西人，利權外溢，不可勝數。近年以來，華商方面鑒於利權之損失，才相繼創設保險公司，與外人努力地競爭了。

人蠟燭

商店裡的夥友們，每年到了暑熱時間，歡喜赤了膊站在櫃檯裡面，或應酬主客，或和人談話，怡然自得，不改其樂，對於女顧客們，他也老不回避，照常接待，因此西人譏笑赤膊夥友為「人蠟燭」，實有侮辱意味。但是平心而談，無論怎樣酷熱，一件半袖汗衫總可以穿著，何必一定要赤膊露體，遭人譏笑呢？作者很盼望今後的夥計先生（不赤膊者除外），大家自重一點罷！不要再蹈以前的惡習慣，免得外人挑眼兒。

男女翻戲

翻戲（即翻門檻）的手段，真高明之極了。不論推牌九、擲骰子、撲克、麻雀和一切賭博，他們都有絕大的手術、圓活的交際，能使你不知不覺中，情情願願，大輸大敗。這種翻戲，無論男女專講修飾，衣帽又漂亮，袋內也麥克麥克。初見時候，意為必貴介公子和閨閣名媛，故能在社會上誘惑意志薄弱、經驗不足的洋盤和阿木林（滬諺曰門檻不精之人）相與聚賭，以攫取人們的金錢為他們的衣食飯碗。間有門檻極精的人也會上當，因為翻戲的手段高妙，被他迷住了心靈，一時也瞧不破黑幕中的玄機。

上面所說的翻戲，只從賭博方面著手，還有從女色和其他種種事情都可翻你一翻。它們又因人而施，並不指定賭博兩字，不過賭博比較的容易使人入彀罷了。

翻戲又有大小兩種，大的做大勾當，小的做小把戲，大的幾萬塊、幾千塊的進益，小的幾百塊、幾十塊的都要。他們滿布著天羅地網，引人上鉤，以遂他害人利己的目的。

倒棺材

這個倒棺材，並非現在北方流行的挖掘古墓慘劇，是一類詐欺的賭博（也是翻戲一流）。他們的生財器具，只有一隻活動式的小板桌，一條毛巾，一個雕空小木盒，兩塊梅花和人牌，顯出一黑一紅的顏色。他們又熟練好的手技，在那桌面上翻來覆去，很為純熟。開場時候，先由同黨偽充賭客下注，一般瘟生壽頭阿木林走過這邊，瞧見只有梅花和人牌兩門，又見假賭客贏錢很容易，一顆貪心怦然而動，再經旁邊的假賭客攛掇，於是加入下注。下注時清清爽爽看他擺進去是一隻人牌，不料開出來已變了梅花，就此越輸越僵，必至囊中所有的金錢盡入他們之手而後已。更有輸完了現款再向假賭客借本下注以圖背城一戰，豈知結果仍舊撲了一個大空，而所借之債，他們又如狼似虎的兇狠，立逼你還他。末了，非將身上穿的、頭上帶的，一箍腦兒送給他不可。這類把戲就是「倒棺材」。更有不用牌具，用兩根竹爿，一端漆紅色，一端漆黑色，作為替代梅花和人牌之用。此等詐欺取財的賭博，現在內地各城鎮也時有發現，這是他們出碼頭放生意呢！

跑老虎當

市面上靠跑老虎當混飯的人也有好幾百，他們的目的專向舊貨攤上、各小押店收買各種衣服首飾、珠鑽寶石。買來後，改造一次，修飾一回，然後分遣徒黨到各大典當去當錢，朝奉先生偶然失察，就要吃他們的虧。譬如有一樣東西賣價只值五塊錢，進了典當反當了六、七塊，這豈不是當價超過於賣價麼？

他們當了以後，還將質券交於同行（即出賣質券人），又可增加一些進賬。貪便宜輩買了質券，加利去贖出，這個虧就移到貪便宜的身上。但是一經贖出，瞧著不對，乃要照原價當進去，那朝奉先生已不能奉命了。

到了現在，西洋鏡已經拆穿，當裡的朝奉很不易受愚，貪便宜買質券的人也愈弄愈少，因此跑老虎當者收進易，脫手難，故混這碗飯的人目下已不如從前的多了。

倒冷飯

上海各商店的膳食，因圖簡便起見，大都向包飯作預定，每日三餐按時挑送。等到收取空碗時候，早有一群叫化伺立門前，倒取剩飯殘肴，名曰「倒冷飯」。收碗的朋友不敢和他爭論，聽憑各叫化蜂擁而來，翻桶（飯桶）倒碗而去，因為丐徒只取餘瀝果腹，例所不禁。並聞丐徒也有一老丐統率，他們均尊為爺叔，而且分段實行，各守疆界，絕不侵犯。他們也有規矩，只准倒取已食後的殘餘，不准強取未食時的飯菜。倘使誤犯了，爺叔老子就要用丐法（老丐自定的法律）來處治，不稍徇情。每次倒取之物不論多少，先行奉呈爺叔，再由爺叔分派各丐充饑。倘未經過此項手續，一經查出，又要執行他們的丐法了。

小書攤

擺設在牆壁上的小書攤，他們發售的各種小書，都屬於《十八摸》、《賣橄欖》、《孟姜女尋夫》、《花名寶卷》和《致富全書》、《房中術》等一類，還有各色連環畫。小書上的魯魚亥豕，連環畫之印刷惡劣，在在不堪寓目，且字句之中也都鄙俚膚淺，似通非通。然而一天到晚，很有主顧前去交易。

不過小書攤上的主顧，大都屬於一知半解之輩為多數，程度高一些的民眾卻少見得很。它們的小書除出售外，還可以向它租看，像現在的小說流通社一樣，不過辦法有些不同罷了。

血歷史139　PC0763

新銳文創
INDEPENDENT & UNIQUE

生活在民國的十里洋場：《上海鱗爪》（風華篇）

原　　著　郁慕俠
主　　編　蔡登山
責任編輯　鄭夏華
圖文排版　楊家齊
封面設計　楊廣榕

出版策劃　新銳文創
發 行 人　宋政坤
法律顧問　毛國樑　律師
製作發行　秀威資訊科技股份有限公司
114 台北市內湖區瑞光路76巷65號1樓
電話：+886-2-2796-3638　傳真：+886-2-2796-1377
服務信箱：service@showwe.com.tw
http://www.showwe.com.tw
郵政劃撥　19563868　戶名：秀威資訊科技股份有限公司
展售門市　國家書店【松江門市】
104 台北市中山區松江路209號1樓
電話：+886-2-2518-0207　傳真：+886-2-2518-0778
網路訂購　秀威網路書店：https://store.showwe.tw
國家網路書店：https://www.govbooks.com.tw

出版日期　2019年1月　BOD一版
定　　價　340元

Printed in Taiwan

國家圖書館出版品預行編目

生活在民國的十里洋場：《上海鱗爪》. 風華篇 /
郁慕俠原著；蔡登山主編. -- 一版. -- 臺北
市：新銳文創, 2019.1
面；　公分. -- (血歷史；139)
BOD版
ISBN 978-957-8924-37-6(平裝)

1. 生活史 2. 上海市

672.098　　　107019163

讀者回函卡

感謝您購買本書，為提升服務品質，請填妥以下資料，將讀者回函卡直接寄回或傳真本公司，收到您的寶貴意見後，我們會收藏記錄及檢討，謝謝！

如您需要了解本公司最新出版書目、購書優惠或企劃活動，歡迎您上網查詢或下載相關資料：http:// www.showwe.com.tw

您購買的書名：________________________________

出生日期：________年________月________日

學歷：□高中（含）以下　□大專　□研究所（含）以上

職業：□製造業　□金融業　□資訊業　□軍警　□傳播業　□自由業

□服務業　□公務員　□教職　□學生　□家管　□其它______

購書地點：□網路書店　□實體書店　□書展　□郵購　□贈閱　□其他

您從何得知本書的消息？

□網路書店　□實體書店　□網路搜尋　□電子報　□書訊　□雜誌

□傳播媒體　□親友推薦　□網站推薦　□部落格　□其他__________

您對本書的評價：（請填代號　1.非常滿意　2.滿意　3.尚可　4.再改進）

封面設計____　版面編排____　內容____　文／譯筆____　價格____

讀完書後您覺得：

□很有收穫　□有收穫　□收穫不多　□沒收穫

對我們的建議：________________________________

____

____

____

請貼
郵票

11466
台北市內湖區瑞光路 76 巷 65 號 1 樓

秀威資訊科技股份有限公司 收

BOD 數位出版事業部

....

（請沿線對折寄回，謝謝！）

姓　　名：＿＿＿＿＿＿＿＿＿＿　年齡：＿＿＿＿　性別：□女　□男

郵遞區號：□□□□□

地　　址：＿＿＿＿＿＿＿＿＿＿＿＿＿＿＿＿＿＿＿＿＿＿＿＿＿＿

聯絡電話：(日)＿＿＿＿＿＿＿＿＿＿＿＿(夜)＿＿＿＿＿＿＿＿＿＿＿＿

E-mail：＿＿＿＿＿＿＿＿＿＿＿＿＿＿＿＿＿＿＿＿＿＿＿＿＿＿＿